PERGAMON OXFORD LATIN AMERICAN SERIES
General Editor: GORDON BROTHERSTON

SPANISH AMERICAN
MODERNISTA POETS

SPANISH AMERICAN MODERNISTA POETS

A CRITICAL ANTHOLOGY

Selected, with an Introduction and Notes, by

GORDON BROTHERSTON

Lecturer in Literature, University of Essex

1966
THE QUEEN'S AWARD
TO INDUSTRY 1966

PERGAMON PRESS

OXFORD · LONDON · EDINBURGH · NEW YORK
TORONTO · SYDNEY · PARIS · BRAUNSCHWEIG

Pergamon Press Ltd., Headington Hill Hall, Oxford
4 & 5 Fitzroy Square, London W.1
Pergamon Press (Scotland) Ltd., 2 & 3 Teviot Place, Edinburgh 1
Pergamon Press Inc., 44–01 21st Street, Long Island City,
New York 11101
Pergamon of Canada Ltd., 207 Queen's Quay West, Toronto 1
Pergamon Press (Aust.) Pty. Ltd., 19a Boundary Street,
Rushcutters Bay, N.S.W. 2011, Australia
Pergamon Press S.A.R.L., 24 rue des Écoles, Paris 5°
Vieweg & Sohn GmbH, Burgplatz 1, Braunschweig

Printed in Great Britain by A. Wheaton & Co., Exeter

08 103822 4 (flexicover)
08 203822 8 (hard cover)

CONTENTS

INTRODUCTION

DEFINITIONS of what *modernismo* was or is have for the most part been either boldly comprehensive or timidly narrow. On the one hand, the movement has been stretched to the proportions of a universal crisis in human civilization. On the other, it has been restricted to the idiosyncrasies of this or that literary clique in Spain or Spanish America during the last decade of the last century and the first decade of this one. Federico de Onís first put forward the crisis theory in the introduction to his *Antología de la poesía española e hispanoamericana* (1934):

> El modernismo es la forma hispánica de la crisis universal de las letras y del espíritu que inicia hacia 1895 la disolución del siglo XIX y que se había de manifestar en el arte, la ciencia, la religión, la política y gradualmente en los demás aspectos de la vida entera, con todos los caracteres, por lo tanto, de un hondo cambio histórico cuyo proceso continúa hoy.

The only characteristic the *modernistas* had in common, he argued, was their desire, in D'Annunzio's phrase, to "rinnovarsi o morire", according to the dictates of their own extreme subjectivism; that in other words they had nothing tangible in common at all. The Spanish poet and critic Juan Ramón Jiménez reached out just as far into abstraction when thinking of *modernismo*, and claimed it was not just a Hispanic affair but a European epoch, no less portentous than the Renaissance: he adduced as evidence the phenomena both of a reforming movement within the Roman Catholic Church condemned by Pius X in 1907, incidentally called Modernism, and of Santiago Rusiñol's *Festes Modernistes*, at first an independent movement in Catalonia concerned mainly with the visual arts and the theatre.[1] More

---

[1] J. R. Jiménez, quoted by G. Díaz-Plaja, *Poesía lírica española* (Barcelona, 1937), p. 351; R. Gullón, *Direcciones del modernismo* (Madrid, 1963), and I. A. Schulman, "Reflexiones en torno a la definición del modernismo", *Cuadernos americanos*, cxlvii, have, among others, used Jiménez's ideas as a necessary antidote to the narrowness of critics like Raúl Silva Castro who restrict the idea of *modernismo* to the bounds of Darío's work.

recently, Arqueles Vela, in his *Teoría literaria del modernismo* (Mexico, 1949), has gone even further, attaining sheer geometric perfection with his notion of *modernismo* as the confluence of the modern spirit of the ancient world with the ancient spirit of the modern world. By contrast, others have reduced the orbit of *modernismo* with fastidious meanness: notably those writers actually involved in the movement. Rubén Darío used the word differently from Francisco Villaespesa, who used it differently from José Enrique Rodó. Discriminations of this kind have persisted. Debates still continue about whether José Martí or Manuel José Othón are *modernistas* or not.[1]

It is still necessary, then, to do what Max Henríquez Ureña began to do in his excellent *Breve historia del modernismo* (Mexico, 2nd ed., 1962): to restate the basic. First: *modernismo* was a literary movement in the Spanish language which originated in Spanish America and principally involved writers of poetry and fiction.[2] It may be stimulating and even instructive to draw parallels between *modernista* literature and certain contemporary trends in music, theology and painting; but not at the expense of ignoring or underestimating the real and peculiar complexities of the literary medium. Second: almost without exception the writers involved in the movement were aware of each other's existence and conscious of a common affiliation, whether they were active in Mexico City, Bogotá, Havana, Lima, Santiago, Buenos Aires, Montevideo or Madrid. In Spanish America particularly, the period of their spiritual association can be charted historically by means of the dates of the periodicals they founded and distributed and of the most important of their books: *Ismaelillo* (1882), *Azul . . .* (1888), *Hojas al viento* (1890), *Versos sencillos* (1891), *Nieve* (1893), *Bustos y rimas* (1893), *Prosas profanas* (1896), *Las montañas del oro* (1897), *Ritos* (1898), *Perlas*

---

[1] Critics of Modernism have been usefully divided into categories by N. J. Davison in his recent *The Concept of Modernism in Hispanic Criticism* (Boulder, Colorado, 1966).

[2] The prose work, fiction and non-fiction, of the *modernistas* is now generally recognized to be in many cases at least as important as their poetry; but for reasons of space this is exclusively a verse anthology.

negras (1898), *Castalia bárbara* (1899), *Poemas* (1901), *Los arrecifes de coral* (1901), *Lascas* (1901), *Minúsculas* (1901), *El éxodo y las Flores del Camino* (1902), *Poemas rústicos* (1902), *Cantos de vida y esperanza* (1905), *Los crepúsculos del jardín* (1905), *Los jardines interiores* (1905), *Alma América* (1906), *El canto errante* (1907), *Lunario sentimental* (1909), *Los peregrinos de piedra* (1909), *En voz baja* (1909), *Poema de otoño* (1910), *Exóticas* (1911) and *El libro fiel* (1912). In other words, in Spanish America *modernismo* can be described as a movement which began in the 1880's, reached its highpoint about 1895–1902 and ended effectively with the First World War, by which time all the *modernistas* were dead or had ceased to publish or had adapted themselves to the change in literary sensibility occasioned by that war. All the poets in this anthology published their most representative work during these thirty-five or so years, and the reason for the Mexican Enrique González Martínez's being excluded is, for example, the fact that two-thirds of his books appeared after 1918. The arrangement of poets by date of birth is admittedly not ideal; but if it were by nationality, then Darío would be absurdly cramped, and if by dates of books published, then Silva and Gutiérrez Nájera, whose poems were collected posthumously, would be difficult to manage. Some minor poets (Leopoldo Díaz, Luis G. Urbina and others) have been reluctantly sacrificed so that those poets who are included may be the more adequately represented.

The *modernistas* both shared attitudes towards their work and their surroundings and differed in those attitudes from their predecessors. Under the decisive influence of the French Parnassians and the Symbolists, and as a reaction to the unfriendly illiteracy of the societies out of which they emerged, they emancipated art from civic and municipal obligations and cultivated it determinedly for its own sake. While poets like José Joaquín de Olmedo (1780–1847), Andrés Bello (1781–1865) and Olegario Andrade (1839–82) had willingly obeyed the neoclassical injunction to instruct and guide while entertaining in their patriotic odes, Darío and his followers declared war on the kind of poetry which relied for its effect not on intrinsic worth but on a predictable set of national emotional responses. The *modernistas*, too, wrote occasional poems to armies and presidents, but they thought of them as occasional, and used the ingenious metrical and verbal innovations—and even the deceptive unrhetorical simplicity—of their other new poetry (*poesía nueva*) as a kind of fence to keep out those not fully dedicated to art. Their correspondence shows that familiarity with developments in the European literary world and its centre Paris was a prerequisite for membership of the brotherhood—to use the pre-Raphaelite term Darío applied to his circle. Brotherhood could at worst mean encouragement to prefer the extravagantly exotic to the everyday, to escape into a cosmopolitan freedom from extra-artistic concerns. At best it meant a new dignification of poetry and its emancipation from national limits: to the extent that it might even be said that *modernista* solidarity produced the first body of literature which can be meaningfully called Spanish American.

Before the *modernistas*, Spanish American writers, with the ambiguous exception of neoclassicists like Olmedo, had felt themselves to be less than nationals of their separate native states. Influenced by the Romantic idea of national literature they had emphasized those characteristics of their respective countries and cultures which could best differentiate them from their neighbours and—most important—from Spain: national peculiarities which could justify and adorn the political independence they had already achieved at the beginning of the nineteenth century or which, in the case of colonial Cuba and Puerto Rico, could foster the cause of future independence. In Argentina, for example, intellectuals had argued that the idiomatic speech of their country could be expected and ought to be encouraged to develop in a way which would result in its being as different from peninsular Spanish and from the languages of surrounding Spanish American republics as Spanish had become from Latin and from the other romance languages. Furthermore, that only out of the highly idiomatic language of the ballads and the stories of the gauchos, the most indigenous of the colonial inhabitants and the foes of Spaniards and Europeanized intellectuals alike, could a future literature emerge which was really national. This was very much the burden of the reviews which marked the publication in 1851 of the first instalments of Ascasubi's epic *Santos Vega*, a poem about a legendary gaucho minstrel and the interesting predecessor of the better-known *Martín Fierro*. "He aquí una lengua ajena en muchas voces y modismos al idioma de la literatura española", wrote one reviewer; another wrote: "Los versos de Ascasubi son los antecedentes homéricos de una literatura que será 'nuestra'." And in Mexico the nationalist mood was such that Manuel Gutiérrez Nájera was widely criticized, with his policy of cultural cross-fertilization, of being excessively interested in poetic traditions other than the purely Mexican one. In this sense the poverty of Darío's national origins as a Nicaraguan worked as an incentive to success as a *modernista*. He qualified for leadership by being so determinedly international —cosmopolitan—in life and literature.

Yet the international ideal did not long remain pure and soon assumed a strong Hispanic hue. When they won their independence the colonials of Spanish America had regarded Spain with distaste and contempt as a noxious backward power, and had even accepted the nineteenth-century European notion of the superiority of the enlightened, progressive Anglo-Saxons over the degenerate Latins. But during the course of the century the political paragon of the north, the U.S.A., disappointed many hopes. Distrust of her territorial intentions and dismay at the arrogant behaviour of her statesmen turned to Yankeephobia in the war of 1898 in which Spain was overwhelmingly defeated and lost Puerto Rico and Cuba to the U.S.A. In her defeat Spain, now no longer a menace, could be and was regarded with fraternal sympathy by the Spanish Americans, and revulsion towards Anglo-Saxon "utilitarianism", coupled with a groping towards a new Latinity which would override the smaller differences between the nations of the south, began to be evident in their literatures, notably in the famous essay *Ariel* (1900) by the Uruguayan José Enrique Rodó, a contemporary of the *modernistas*. The Hispanic cry was uttered full-bloodedly by Darío in the rousing hexameters: "Ínclitas razas ubérrimas, sangre de Hispania fecunda . . . ." Those who now insisted on the bonds of race and language which linked them to Spain did so with the inner assurance of being better able than before to stand the strain of reassociation, having raised themselves culturally from barren dependence to confident abundance. With what they had absorbed in their internationalism from Germany, Italy, England, North America and, above all, France, they infused new life into Spanish verse and made possible that rich flowering of poetry in Spain which began with Jiménez and Machado and ended with the Spanish Civil War. But for the Spanish Americans themselves, however gratifying the gesture ("the return of the galleons"), Hispanic *modernismo* was of dubious value. Under its influence, attention was too much distracted from the indigenous and the autochthonous. And, as its nationally minded opponents have pointed out, Hispanism solved the Spanish Americans' problem of national self-determination in a cultural context by simply taking away the base for all possible pretensions to cultural individuality.

This wave of Hispanism was in any case quickly followed by a wave of *mundonovismo*, best represented by José Santos Chocano's *Alma América* (1906). Sensitive to the charge that the *modernistas* had sold themselves with their Hispanism to Spain,[1] he turned back to the indigenous traditions of America they were accused of having ignored and poured forth poems about Aztec and Inca life and the flora and fauna of the New World. To the more serious-minded of the *modernistas'* successors, *mundonovismo* has generally seemed dishonest and superficial, and it is significant that Chocano, the inspirer of the idea, should have been a great opportunist and in turn the ready mouthpiece of Spanish imperialism and the bard of the splendour of the colonial past. Yet *Alma América*, with all its faults, is an interesting book and one to which even Neruda owes something. It is certainly important

[1] Chocano included Darío's "Preludio" as a prologue to *Alma América* without the last two lines: "Tal dije cuando don J. Santos Chocano, / último de los Incas, se tornó castellano."

as an example of a particular tendency within the complexity of the *modernista* movement as a whole.

To generalize about the various literary influences that the *modernistas* underwent is hazardous, and I have preferred to leave this important subject to the notes which introduce each individual poet and to the notes on the poems themselves at the end of the book. The separate introductory notes also contain details of the critical work on the poets concerned, of their complete works and of editions used in this anthology, and in the absence of a bibliography the reader is referred to these works as well as those mentioned in this introduction. Special care has been taken to specify sources and to establish good texts from first editions and prior publications in periodicals: the bibliographical history of *modernismo* is not impressive and it is still common to find even important books like *Castalia bárbara* (1899, not 1897) wrongly dated. Archaic accentuation and punctuation have been modernized and obvious misprints have been corrected; otherwise the texts are as their originals. I should particularly like to thank Sra Margarita de Nervo for permission to print her brother-in-law's poems, and the Porrúa Publishing Company of Mexico City for permission to reproduce Salvador Díaz Mirón's poems.

I am also grateful to members of the Department of Literature and the staff of the library at the University of Essex for their help. I am most grateful, too, to the Research Endowment Fund of the University of Essex for helping me to conduct research on the material for this book when in Latin America during the summer of 1966. I am deeply indebted to José Emilio Pacheco for his advice and for discussing notes he has made for his forthcoming edition of Mexican *Modernista* verse (*Poesía del Modernismo*, Biblioteca del estudiante universitario, UNAM, Mexico).

MANUEL GONZÁLEZ PRADA

(Peru; 1848–1918)

GONZÁLEZ PRADA is remembered chiefly as the incisive polemicist of *Páginas libres* and other lucid, atheistic tracts aimed at puncturing the complacency of orthodox Lima. A collection of his anticlerical verse, *Presbiterianas*, was published anonymously in 1909. Like José Martí he was a revolutionary and the spirit which informed his politics also gave him freedom as a poet. He evolved from being a municipal neoclassicist to being a thoroughgoing, though tardy, *modernista* (his first collection of *modernista* verse, *Minúsculas*, was published by his French wife as late as 1901). His personal fortune allowed him time for long periods of reading and travel, and he spent from 1891 to 1898 in Europe. He showed a wide range of culture in his many translations (collected posthumously in *Baladas*, 1939), and made a consistent attempt to adapt various foreign metres to Spanish. He spoke of the difficulties he encountered in doing this in an interesting autobiographical note in *Exóticas*.

Often González Prada's interest in metrical experiment became a self-sufficient intellectual exercise, and some of his poems degenerated into demonstrations of his theories and the schematized rhythm patterns with which he prefaced them. This is especially true of the third and last collection of verse published in his lifetime, *Exóticas*. But at best his adventurousness gave him moments of extraordinary power and felicity in which rhythm is well sustained without rhyme ("el rudo carcán de la rima") and the modulation of a nostalgic refrain is exactly caught.

There is no complete collection of González Prada's poetry. See *Antología poética*, con introducción y notas de C. García Prada, Mexico, 1940, and

González Prada: vida y obra. Bibliografía, Antología, Instituto de las Españas, New York 1938. Texts from *Minúsculas,* Lima, 1901, and *Exóticas,* Tipografía de "El Lucero", Lima, 1911 (reported to have been written 1899–1900).

Ritmo soñado

Sueño con ritmos domados al yugo
de rígido acento,
libres del rudo carcán de la rima.
Ritmos sedosos que efloren la idea,
cual plumas de un cisne
rozan el agua tranquila de un lago.
Ritmos que arrullen con fuentes y ríos,
y en Sol de apoteosis,
vuelen con alas de nube y alondra.
10   Ritmos que encierren dulzor de panales,
susurro de abejas,
fuego de auroras y niever de ocasos.
Ritmos que en griego crisol atesoren
sonrojos de virgen,
leche de lirios y sangre de rosas.
Ritmos, oh Amada, que envuelvan tu pecho,
cual lianas tupidas
cubren de verdes cadenas al árbol.

Triolets

Al fin volvemos al primer amor

Al fin volvemos al primer amor,
como las aguas vuelven a la mar.
Con tiempo, ausencia, males y dolor,
al fin volvemos al primer amor.
Si un día, locos, en funesto error,
mudamos de bellezas y de altar,
al fin volvemos al primer amor,
como las aguas vuelven a la mar.

Aborrecemos esta vida

Aborrecemos esta vida,
mas no quisiéramos morir.
Por alevosa y fementida
aborrecemos esta vida.
Ciegos buscamos la salida
entre el noser y el existir;
que aborrecemos esta vida,
mas no quisiéramos morir.

Rondel

Aves de paso que en flotante hilera
recorren el azul del firmamento,
exhalan a los aires un lamento
y se disipan en veloz carrera,
son el amor, la dicha y el contento.

¿Qué son las mil y mil generaciones
que brillan y descienden al ocaso,
que nacen y sucumben a millones?
Aves de paso.

10 Inútil es, oh pechos infelices,
al mundo encadenarse con raíces.
Impulsos misteriosos y pujantes
nos llevan entre sombras, al acaso
que somos ¡ay! eternos caminantes,
aves de paso.

(Minúsculas)

En país extraño

O métamorphose mystique
de tous mes sens fondus en un!
(CHARLES BAUDELAIRE)

Yo camino bajo un cielo,
no esplendor ni oscuridad;
en un país muy remoto,
no vivido ni real.

Donde se oye con los ojos,
donde se ve con palpar,
y se funden los sentidos
en misteriosa unidad.

¿Voy soñando? ¿Voy despierto?
10   No sabré decir quizá
donde empieza la vigilia,
donde concluye el soñar.

Miro las sombras que me siguen,
mas, al seguirlas, se van;
veo manos que me tocan,
mas no se dejan tocar.

Saboreo luz, y gozo
la exquisita voluptad
de las músicas azules
20   y del olor musical.

Sumido en algo indecible,
que no es sentir ni pensar,
estoy pensando y sintiendo
lo que no fue ni será.

¿Siento yo, o en mi sensorio
sienten bosque, nube y mar?

¿Pienso yo, o en mi cerebro
piensan ave y pedernal?

¿Soy la parte o soy el Todo?
30   No consigo deslindar
si yo respiro en las cosas
o en mi las cosas están.

Yo no vivo en mí, que vivo
en la gota del raudal
y en el más lejano globo
de la ignota inmensidad.

Ya mi vida no es mi vida;
que de mí se aleja y va
a difundirse y perderse
40   en la vida universal.

¡Que deleite, sumergirse
en la suma identidad
de la forma y de la idea!
¡Ser lo eterno y lo fugaz!
¡Lo infinito y lo finito!
¡Alumbrar y perfumar
en el rasgo de una estrella
y en el polen de un rosal!

Mi muerte

(Ritmo binario)

Cuando vengas tú, supremo día, yo no quiero en torno mío,
llantos, quejas ni ayes; no sagradas preces, no rituales pompas,
no macabros cirios verdes, no siniestra y hosca faz de bonzo
ignaro. Quiero yo morir consciente y libre, en medio a frescas

rosas, lleno de aire y luz, mirando el sol. Ni mármol quiero yo ni tumba. Pira griega, casto y puro fuego, abrasa tú mi podre; viento alado, lleva tú mi polvo al mar. Y si algo en mí no muere, si algo al rojo fuego escapa, sea yo fragancia, polen, nube, ritmo, luz, idea.

(Exóticas)

JOSÉ MARTÍ
(Cuba; 1853–1895)

MARTÍ is one of the great figures of Latin America. His fame as Cuba's national hero spreads far wider than his fame as a poet. Born in a poor family, he was imprisoned as an adolescent for his activity in the cause of Cuba's independence and he spent many years of his life in exile in Spain, Mexico, Guatemala and the U.S.A. He was killed by Spanish forces in the abortive rebellion of 1895. Some of his best poems reveal that the external tragedy and beauty of his life was felt innerly: his "Dos patrias" is among the profoundest patriotic poetry written, and in "Sobre los astros" there is no trace of affectation in the picture he draws of the idealist tearing out his heart as he walks the sky above the "olor de frutas estrujadas, olor de danza, olor de lecho".

Martí stands slightly apart from the *modernista* movement and much of his work remained unknown until long after his death: only two of his collections of verse are not posthumous, *Ismaelillo* (dedicated in exile to his son Ismael) and *Versos sencillos*. He is distinguished from Darío and his followers also by the fact that his literary formation owed more to Spain (where he studied as an undergraduate) than to France. He must be considered a *modernista*, nevertheless. As a prose writer—he lived by his pen when in New York—he revolutionized Spanish prose style, loosening syntax and enlivening vocabulary in a way which Darío freely acknowledged and exploited. And there is an obvious coincidence of concern and style with the *modernistas* in poems like "Pomona" (compare Darío's "Carne, celeste carne de la mujer"), "Estoy en el baile extraño", which has the exotic brilliance of many of his Parnassian-inspired contemporaries,

and "Para Cecilia Gutiérrez Nájera y Maillefert", which shows
that his connection with the Mexican *modernistas* was not just
social.

Obras completas, edited by Gonzalo de Quesada y Miranda, Havana, 1936–47,
and Patronato del libro popular, Havana, 1961; see M. P. González, *Fuentes
para el estudio de José Martí*, Havana, 1950. Texts from vol. 2 of the 1961
Obras completas, which are taken in turn from *Ismaelillo*, New York, 1882, *Versos
sencillos*, 1891, *Versos libres*, Havana, 1913 (in his prologue Martí states these
poems were written when he was 25), and *Flores del destierro*, Havana, 1933.
"Para Cecilia Gutiérrez Nájera" was taken direct from the *Revista Azul*, i, 16
(19 August 1894).

Sueño despierto

Yo sueño con los ojos
abiertos, y de día
y noche siempre sueño.
Y sobre las espumas
del ancho mar revuelto,
y por entre las crespas
arenas del desierto,
y del león pujante,
monarca de mi pecho,
10   montado alegremente
sobre el sumiso cuello,
un niño que me llama
flotando siempre veo!

Tórtola blanca

El aire está espeso,
la alfombra manchada,
las luces ardientes,
revuelta la sala;
y acá entre divanes

y allá entre otomanas,
tropiézase en restos
de tules o de alas.
¡Un baile parece
10 de copas exhaustas!
Despierto está el cuerpo,
dormida está el alma;
¡qué férvido el valse!
¡Qué alegre la danza!
¡Qué fiera hay dormida
cuando el baile acaba!

Detona, chispea,
espuma, se vacia,
y expira dichosa
20 la rubia champaña:
los ojos fulguran;
las manos abrasan;
de tiernas palomas
se nutren las águilas;
don Juanes lucientes
devoran Rosauras;
fermenta y rebosa
la inquieta palabra;
estrecha en su cárcel
30 la vida incendiada,
en risas se rompe
y en lava y en llamas;
y lirios se quiebran,
y violas se manchan,
y giran las gentes,
y ondulan y valsan;
mariposas rojas
inundan la sala,
y en la alfombra muere
40 la tórtola blanca.

Yo fiero rehuso
la copa labrada;
traspaso a un sediento
la alegre champaña;
pálido recojo
la tórtola hollada:

y en su fiesta dejo
las fieras humanas;
que el balcón azotan
50   dos alitas blancas
que llenas de miedo
temblando me llaman.

(*Ismaelillo*)

Versos sencillos

Yo sé de Egipto y Nigricia

Yo sé de Egipto y Nigricia,
y de Persia y Xenophonte;
y prefiero la caricia
del aire fresco del monte.

Yo sé de las historias viejas
del hombre y de sus rencillas;
y prefiero las abejas
volando en las campanillas.

Yo sé del canto del viento
10   en las ramas vocingleras:
nadie me diga que miento
que lo prefiero de veras.

Yo sé de un gamo aterrado
que vuelve al redil, y expira,—
y de un corazón cansado
que muere oscuro y sin ira.

Estoy en el baile extraño

Estoy en el baile extraño
de polaina y casaquín
que dan, del año hacia el fin,
los cazadores del año.

Una duquesa violeta
va con un frac colorado:
marca un vizconde pintado
el tiempo en la pandereta.

Y pasan las chupas rojas,
10   pasan los tules de fuego,
como delante de un ciego
pasan volando las hojas.

           (*Versos sencillos*)

Pomona

Oh, ritmo de la carne, oh melodía,
oh licor vigorante, oh filtro dulce
de la hechicera forma! No hay milagro
en el cuento de Lázaro, si Cristo
llevó a su tumba una mujer hermosa!

Qué soy, quién es, sino Memnón en donde
toda la luz del Universo canta,
y cauce humilde en el que van revueltas,
las eternas corrientes de la vida?
10   Iba, como arroyuelo que cansado
de regar plantas ásperas fenece,
y, de amor por el noble Sol transido,
a su fuego con gozo se evapora:
iba, cual jarra que el licor ligero
en el fermento rompe,

y en silenciosos hilos abandona:
iba, cual gladiador que sin combate
del incólume escudo ampara el rostro
y el cuerpo rinde en la ignorada arena.
20   ... Y súbito, las fuerzas juveniles
de un nuevo mar, el pecho rebosante
hinchan y embargan, el cansado brío
arde otra vez, y puebla el aire sano
música suave y blando olor de mieles!
Porque a mis ojos los brazos olorosos
en armónico gesto alzó Pomona.

(Versos libres)

Dos patrias

Dos patrias tengo yo: Cuba y la noche.
¿O son una las dos? No bien retira
su majestad el sol, con largos velos
y un clavel en la mano, silenciosa
Cuba cual viuda triste me aparece.
¡Yo sé cuál es ese clavel sangriento
que en la mano le tiembla! Está vacío
mi pecho, destrozado está y vacío
en donde estaba el corazón. Ya es hora
10   de empezar a morir. La noche es buena
para decir adiós. La luz estorba
y la palabra humana. El universo
habla mejor que el hombre.
                    Cual bandera
que invita a batallar, la llama roja
de la vela flamea. Las ventanas
abro, ya estrecho en mí. Muda, rompiendo
las hojas del clavel, como una nube
que enturbia el cielo, Cuba, viuda, pasa ...

(Flores del destierro)

Para Cecilia Gutiérrez Nájera y Maillefert

En la cuna sin par nació, la airosa
niña de honda mirada y paso leve,
que el padre le tejió de milagrosa
música azul y clavellín de nieve.

Del sol voraz y de la cumbre andina,
con mirra nueva, el séquito de bardos
vino a regar sobre la cuna fina
olor de myosotís y luz de nardos.

A las pálidas alas del arpegio,
10   preso del cinto a la trenzada cuna,
colgó liana sutil el bardo regio,
de ópalo tenue y claridad de luna.

A las trémulas manos de la ansiosa
madre feliz, para el collar primero,
vertió el bardo creador la pudorosa
perla y el iris de su ideal joyero.

De su menudo y fúlgido palacio
surgió la niña mística, cual sube,
blanca y azul, por el solemne espacio,
20   llena el seno de lágrimas, la nube.

Verdes los ojos son de la hechicera
niña, y en ellos tiembla la mirada
cual onda virgen de la mar viajera
presa al pasar en concha nacarada.

Fina y severa como el arte grave,
alísea planta en la existencia apoya,
y el canto tiene y la inquietud del ave,
y su mano es el hueco de una joya.

Niña: si el mundo infiel al bardo airoso
30   las magias roba con que orló tu cuna,
tú le ornarás de nuevo el milagroso
verso de ópalo tenue y luz de luna.

(México, agosto de 1894)
(*Revista Azul*)

SALVADOR DÍAZ MIRÓN
(Mexico; 1853–1928)

Rubén Darío once compared Díaz Mirón's early poetry to a herd of wild American buffalo, and the many other Spanish American poets who acknowledged his influence saw in him a forceful Romantic writing in the style of Victor Hugo and Byron. Both "Sursum" and "A Gloria" had continental resonance when they were published by Justo Sierra (to whom "Sursum" is dedicated) in the Parnaso mexicano series in 1886. His style and attitudes changed after a long period of imprisonment in Veracruz, which was the result of his shooting a man during the general elections of 1892. He described his new standards of artistic judgement in the prologue to *Lascas* (1901), his most important book. While he retained his Romantic faith in the volcanic origin of poetry he became less confident in his own capacity as a poet to act as a comprehensive interpreter of that power; he became more interested in the energy generated by the conflict between reality and the poet's temperament. This is implicit in the very title *Lascas*, which means "splinters" or "sparks", and quite explicit in the first poem in the book, "A mis versos":

> No sois gemas inmunes a limas
> y con lampos de fijas estrellas,
> sino chispas de golpes y mellas
> y ardéis lascas de piedras de simas.

Díaz Mirón's four years in prison also had the practical effect of isolating him from the *modernista* groups in Mexico at the time that they were most active and productive. And it is in some sense ironic that he should have been most influential in a style he later disowned, and that *Lascas*, published in the provinces, should have come too late to be of real consequence in the evolution of *modernismo*.

Poesías completas, edición y prólogo de A. Castro Leal, Porrúa, Mexico, 1966 (5th ed.). See J. Almoina, *Díaz Mirón. Su poética*, Mexico, 1958. Texts from *Lascas*, Tipografía del Gobierno del Estado, Xalapa, 1901, with gratefully acknowledged guidance from A. Castro Leal's edition.

Música fúnebre

Mi corazón percibe, sueña y presume.
Y como envuelta en oro tejido en gasa,
la tristeza de Verdi suspira y pasa
en la cadencia fina como un perfume.

Y frío de alta zona hiela y entume,
y luz de sol poniente colora y rasa,
y fe de gloria empírea pugna y fracasa
como en ensayos torpes un ala implume.

El sublime concierto llena la casa,
10   y en medio de la sorda y estulta masa,
mi corazón percibe, sueña y presume.

Y como envuelta en oro tejido en gasa
la tristeza de Verdi suspira y pasa
en la cadencia fina como un perfume.

(Diciembre de 1899)

Nox

No hay almíbar ni aroma
como tu charla . . .
¿Qué pastilla olorosa
y azucarada

disolverá en tu boca
su miel y su ámbar
cuando conmigo a solas,
oh virgen, hablas?

La fiesta de tu boda
10   será mañana.

A la nocturna gloria
vuelves la cara,
linda más que las rosas
de la ventana,
y tu guedeja blonda
vuela en el aura
y por azar me toca
la faz turbada ...

La fiesta de tu boda
20   será mañana.

Un cometa en la sombra
prende una cábala.
Es emblema que llora,
signo que canta.
El astro tiene forma
de punto y raya,
representa una nota,
pinta una lágrima!

La fiesta de tu boda
30   será mañana.

En invisible tropa
las grullas pasan
batiendo en alta zona
potentes alas,

y lúgubres y roncas
gritan y espantan . . .
¡Parece que deploran
una desgracia!

La fiesta de tu boda
40   será mañana.

Nubecilla que flota,
que asciende o baja,
languidecida y floja,
solemne y blanca
muestra señal simbólica
de doble traza:
finge un velo de novia
y una mortaja

La fiesta de tu boda
50   será mañana.

Junto al cendal que toma
figura mágica,
Escorpión interroga
mientras que su alfa
es carmesí que brota,
nuncio que sangra . . .
¡Y Amor y Duelo aprontan
distintas armas!

La fiesta de tu boda
60   será mañana.

Ah, si la Tierra sórdida
que por las vastas
oquedades enrolla
su curva esclava

diese fin a sus rondas
y resultara
desvanecida en borlas
de tenue gasa . . . !

La fiesta de tu boda
70   será mañana.

El mar con débil ola
tiembla en la playa
y no inunda ni ahoga
pueblos ni nada.
Del fuego de Sodoma
no miro brasa
y la centella es rota
flecha en aljaba.

La fiesta de tu boda
80   será mañana.

¡Oh Tirsa! Ya es la hora.
Valor me falta
y en un trino de alondra
me dejo el alma.
Un comienzo de aurora
tiende su nácar
y Lucifer asoma
su perla pálida.

Idilio

A tres leguas de un puerto bullente
que a desbordes y grescas anima
y al que un tiempo la gloria y el clima
adornan de palmas la frente,
hay un agrio breñal y en la cima

de un alcor un casucho acubado
que de lejos diviso a menudo,
y rindiéndose apoya un costado
en el tronco de un mango copudo.

10   Distante, la choza resulta montera
con borla y al sesgo sobre una mollera.

El sitio es ingrato por fétido y hosco.
El cardón, el nopal y la ortiga
prosperan y el aire trasciende a boñiga,
a marisco y a cieno, y el mosco
pulula y hostiga.

La flora es enérgica para
que indemne y pujante soporte
la furia del soplo del norte,
20   que de octubre a febrero no es rara,
y la pródiga lumbre febea
que de marzo a septiembre caldea.

El oriente se inflama y colora
como un ópalo inmenso en un lampo,
y difunde sus tintes de aurora
por piélago y campo.
Y en la magia que irisa y corusca
una perla de plata se ofusca.

Un prestigio rebelde a la letra,
30   un misterio inviolable al idioma,
un encanto circula y penetra
y en el alma es edénico aroma.
Con el juego cromático gira
en los pocos instantes que dura
y hasta el pecho infernado respira
un olor de inocencia y ventura.

¡Al través de la trágica historia
un efluvio de antigua bonanza
viene al hombre como una memoria
40   y acaso como una esperanza!

El ponto es de azogue y apenas palpita.
Un pesado alcatraz ejercita
su instinto de caza en la fresca.

Grave y lento discurre al soslayo,
escudriña con calma grotesca,
se derrumba cual muerto de un rayo,
sumérgese y pesca.

Y al trotar de un rocín flaco y mocho
un moreno, que ciñe *moruna*,
50   transita cantando cadente tontuna
de baile *jarocho*.

Monótono y acre gangueo
que un pájaro acalla soltando un gorjeo.

Cuanto es mudo y selecto en la hora,
en el vasto esplendor matutino,
halla voz en el ave canora,
vibra y suena en el chorro del trino.

Y como un monolito pagano
un buey gris en un yermo altozano
60   mira fijo, pasmado y absorto,
la pompa del orto.

*

Y a la puerta del viejo bohío
que oblicuando su ruina en la loma
se recuesta en el árbol sombrío,

una rústica grácil asoma
como una paloma.

Infantil por edad y estatura
sorprende ostentando sazón prematura:
elásticos bultos de tetas opimas,
70   y a juzgar por la equívoca traza
no semeja sino una rapaza
que reserva en el seno dos limas.

Blondo y grifo e inculto el cabello,
y los labios turgentes y rojos,
y de tórtola el garbo del cuello,
y el azul del zafiro en los ojos.
Dientes albos, parejos, enanos
que apagado coral y prende y liga,
que recuerdan, en curvas de granos,
80   el maíz cuando tierno en la espiga.
La nariz es impura y atesta
una carne sensual e impetuosa,
y en la faz, a rigores expuesta,
la nieve da en ámbar, la púrpura en rosa
y el júbilo es gracia sin velo
y en cada carrillo produce un hoyuelo.

La payita se llama Sidonia.
Llegó a México en una barriga,
en el vientre de infecta mendiga
90   que, del fango sacada en Bolonia,
formó parte de cierta colonia
y acabó de miseria y fatiga.

La huérfana ignara y creyente
busca sólo en los cielos el rastro

y de noche imagina que siente
besos, ay, en los hilos de un astro.

¿Qué ilusión es tan dulce y hermosa?
Dios le ha dicho: «Sé plácida y bella,
y en el duelo que marque una fosa
100   pon la fe que contemple una estrella!»
¿Quién no cede al consuelo que olvida?

La piedad es un santo remedio,
y después, el ardor de la vida
urge y clama en la pena y el tedio
y al tumulto y al goce convida.
De la zafia el pesar se distrae,
desplome de polvo y ascenso de nube.
¡Del tizón la ceniza que cae
y el humo que sube!

110   La madre reposa con sueño de piedra.
La muchacha medra.

Y por siembras y apriscos divaga
con su padre, que duda de serlo,
y el infame la injuria y estraga,
y la triste se obstina en quererlo.
Llena está de pasión y de bruma,
tiene ley en un torpe atavismo
y es al cierzo del mal una pluma ....
¡Oh pobreza, oh incuria, oh abismo!

*

120   Vestida con sucios jirones de paño,
descalza y un lirio en la greña,
la pastora gentil y risueña
camina detrás del rebaño.

Radioso y jovial firmamento.
Zarcos fondos con blancos celajes
como espumas y nieves al viento
esparcidas en copos y encajes.

Y en la excelsa y magnífica fiesta,
y cual mácula errante y funesta
130   un vil zopilote resbala,
tendida e inmóvil el ala.

El sol meridiano fulgura,
suspenso en el Toro,
y el paisaje, con varia verdura,
parece artificio de talla y pintura
según está quieto en el oro.

El fausto del orbe sublime
rutila en urente sosiego,
y un derribo de paz y de fuego
140   baja y cunde y escuece y oprime.

Ni céfiro blando que aliente, que rase,
que corra, que pase.

Entre dunas aurinas que otean,
tapetes de grama serpean
cortados a trechos por brozas hostiles
que muestran espinas y ocultan reptiles.
Y en hojas y tallos un brillo de aceite
simula un afeite.

La luz torna las aguas espejos
150   y en el mar sin arrugas ni ruidos
reverbera con tales reflejos,
que ciega, causando vahidos.

El ambiente sofoca y escalda,
y encendida y sudando, la chica
se despega y sacude la falda,
y así se abanica.

Los guiñapos revuelan en ondas . . . .
La grey pace y trisca y holgándose tarda . . . .
Y al amparo de umbráticas frondas
160   la palurda se acoge y resguarda.

Y un borrego con gran cornamenta
y pardos mechones de lana mugrienta,
y una oveja con bucles de armiño
—la mejor en figura y aliño—
se copulan con ansia que tienta.

La zagala se turba y empina . . . .
Y alocada en la fiebre del celo
lanza un grito de gusto y de anhelo . . . .
¡Un cambujo patán se avecina!

170   Y en la excelsa y magnífica fiesta,
y cual mácula errante y funesta
un vil zopilote resbala,
tendida e inmóvil el ala.

Pinceladas

I

Pardas o grises donde no musgosas,
tres tapias, y cuadrando el vergelillo,
reja oculta en verdor florido en rosas
que son como de un ámbar amarillo.

Césped. Un pozo con brocal de piedra.
Lirios. Nardos. Jazmines. Heliotropos.
Un copudo laurel que al sesgo medra
con telarañas como grandes gropos.

Un firmamento rubio. Vésper brilla
10   a manera de lágrima que brota
y que creciente y única se orilla
para efundir o evaporar su gota.

Bien lejos y en un arco de horizonte,
rica y negral vegetación abunda,
y excediendo los pliegues de tal monte
y en símbolo de tierra tan fecunda,

volcán enhiesto y cónico alardea
como en robusta madre teta erguida
que se vierte de túmida y albea
20   medio empapada en su licor de vida.

II

Como tenue labor hecha con vaga
nieve ideal por manos de chicuelos
y que lenta fusión merma y estraga
en la sublime curva de los cielos,

un trasunto se borra en una nube:
el de un ángel monstruoso por deforme.
Gloria. Silencio. Paz. La luna sube
del término del mar, flava y enorme.

Asciende y disminuye y palidece,
10   y en el cerco irisado que la inviste
como de sacra majestad, parece
la cabeza de un dios enfermo y triste.

Y su místico imán turba la calma
y prende un ala torpe al grave anhelo,
y suscita en el ponto y en el alma
ciego y estéril ímpetu de vuelo.

(Lascas)

MANUEL JOSÉ OTHÓN
(Mexico; 1858–1906)

OTHÓN is not always readily conceded a place as a *modernista* on the grounds that he was metrically a purist and because of his articulate resistance, as a follower of the orthodox Clearco Meonio, to the theories and practice of the *modernista* group led by Gutiérrez Nájera and Valenzuela in Mexico. There are stories of his arguments with Amado Nervo over the status of the Spanish alexandrine and of his general suspicion of the sophisticated cosmopolitanism of his contemporaries. One of his best poems, "Himno de los bosques" (1891), which is unfortunately too long to include here, was prompted by what seemed to him the remoteness from the reality of the Mexican landscape of Gutiérrez Nájera's "Tristissima nox" (1884). He lived most of his life immersed in that landscape; his health restricted him to the provincial existence he was born into in San Luis Potosí. And in his solitude he produced the formula which has rightly been considered the antithesis of *modernismo*: "No debemos expresar nada que no hayamos visto", and, at the very end of his life, his haunted "Idilio salvaje".

Yet all this does not cancel the very real connexions he had with the *modernistas* and the allegiance he felt as the close friend of Gutiérrez Nájera and a regular contributor to the exclusively *modernista Revista Azul*. The tone of the landscape descriptions and the range of the translations he published there show that he must just as rightly be identified with that group.

Obras, Secretaría de Educación pública, Mexico 1928 (2 vols.), and *Obras completas*, editadas por J. Zavala, Mexico 1945. Texts: "Paisajes" from *Revista Azul*, ii, 16 (17 February 1895), later revised and included in *Poemas rústicos*, Mexico, 1902; "Idilio salvaje" collected posthumously in *Obras*, 1928, with many misprints, and in *Poemas rústicos*, Porrúa, Mexico, 1944.

Paisajes

A Manuel Gutiérrez Nájera

I

Meridies

Rojo, desde el cenit, el sol caldea.
La torcaz cuenta al río sus congojas,
medio escondida entre las verdes hojas
que el viento apenas susurrando orea.

La milpa, ya en sazón, amarillea
cargada de racimos y panojas,
y reverberan las techumbres rojas
en las vecinas casas de la aldea.

No se oye estremecerse el cocotero
10   ni en la ribera sollozar los sauces;
solos están la vega y el otero,

desierto el robledal, secos los cauces;
y tendido a la orilla de un estero,
abre el lagarto sus enormes fauces.

II

Noctifer

Todo es cantos, suspiros y rumores.
Agítanse los vientos tropicales
zumbando entre los verdes carrizales,
gárrulos y traviesos en las flores.

Bala el ganado, silban los pastores,
las vacas van mugiendo a los corrales,
canta la codorniz en los maizales
y grita el guacamayo en los alcores.

El día va a morir; la tarde avanza.
10   Toca de pronto a la oración la esquila
de la rústica ermita, en lontananza;

Y Venus, melancólica y tranquila,
desde el perfil del horizonte lanza
la luz primera de su azul pupila.

(Santa Bárbara de Tamaulipos, 1889)
(*Revista Azul*)

Idilio salvaje

A A.T.

I

¿Por qué a mi helada soledad viniste
cubierta con el último celaje
de un crepúsculo gris?.... Mira el paisaje,
árido y triste, inmensamente triste.

Si vienes del dolor y en él nutriste
tu corazón, bien vengas al salvaje
desierto, donde apenas un miraje
de lo que fue mi juventud existe.

Mas si acaso no vienes de tan lejos
10   y en tu alma aún del placer quedan los dejos,
puedes tornar a tu revuelto mundo.

Si no, ven a lavar tu ciprio manto
en el mar amarguísimo y profundo
de un triste amorr, o de un inmenso llanto.

II

Mira el paisaje: inmensidad abajo,
inmensidad, inmensidad arriba:
en el hondo perfil, la sierra altiva
al pie minada por horrendo tajo.

Bloques gigantes que arrancó de cuajo
20   el terremoto, de la roca viva;
y en aquella sabana pensativa
y adusta, ni una senda, ni un atajo.

Asoladora atmósfera candente,
do se incrustan las águilas serenas,
como clavos que se hunden lentamente.

Silencio, lobreguez, pavor tremendos
que viene sólo a interrumpir apenas
el galope triunfal de los berrendos.

III

En la estepa maldita, bajo el peso
30   de sibilante brisa que asesina,
irgues tu talla escultural y fina,
como un relieve en el confín impreso.

El viento, entre los médanos opreso,
canta como una música divina,
y finge, bajo la húmeda neblina,
un infinito y solitario beso.

Vibran en el crepúsculo tus ojos,
un dardo negro de pasión y enojos
que en mi carne y mi espíritu se clava;

40   y, destacada contra el sol muriente,
          como un airón, flotando inmensamente,
          tu bruna cabellera de india brava.

                        IV

          La llanada amarguísima y salobre,
          enjuta cuenca de occeano muerto
          y, en la gris lontananza, como puerto,
          el peñascal, desamparado y pobre.

          Unta la tarde en mi semblante yerto
          aterradora lobreguez, y sobre
          tu piel, tostada por el sol, el cobre
50   y el sepia de las rocas del desierto.

          Y en el regazo donde sombra eterna,
          del peñascal bajo la enorme arruga,
          es para nuestro amor nido y caverna,

          las lianas de tu cuerpo retorcidas
          en el torso viril que te subyuga,
          con una gran palpitación de vidas.

                        V

          ¡Qué enferma y dolorida lontananza!
          ¡qué inexorable y hosca la llanura!
          Flota en todo el paisaje tal pavura,
60   como si fuera un campo de matanza.

          Y la sombra que avanza . . . avanza . . . avanza,
          parece, con su trágica envoltura,
          el alma ingente, plena de amargura,
          de los que han de morir sin esperanza.

Y allí estamos nosotros, oprimidos
por la angustia de todas las pasiones,
bajo el peso de todos los olvidos.

En un cielo de plomo el sol ya muerto;
y en nuestros desgarrados corazones
70   el desierto, el desierto. . . . y el desierto!

VI

¡Es mi adiós!. . . . Allá vas, bruna y austera,
por los planicies que el bochorno escalda,
al verberar tu ardiente cabellera,
como una maldición, sobre tu espalda.

En mis desolaciones, ¿qué me espera?. . . .
(ya apenas veo tu arrastrante falda)
una deshojazón de primavera
y una eterna nostalgia de esmeralda.

El terremoto humano ha destruído
80   mi corazón y todo en él expira.
¡Mal hayan el recuerdo y el olvido!

Aún te columbro y ya olvidé tu frente:
sólo, ¡ay! tu espalda miro, cual se mira
lo que huye y se aleja eternamente.

(Obras)

MANUEL GUTIÉRREZ NÁJERA
(Mexico; 1859–1895)

MANUEL GUTIÉRREZ NÁJERA is a good example of the type of *modernista* who lived for and in literature. After a grounding in the Spanish classics he turned hungrily to the literature of nineteenth-century France. Though he spoke French perfectly and his wife was of French descent, his knowledge of France remained literary and unlike most *modernistas* he never went there. As a *nom de plume* he took the title of a nineteenth-century Parisian comedy *Duque Job*, and persistently translated his conscious existence into an enhanced literary world against which the facts of his short poor life as a journalist who died of alcohol poisoning look bleak and sad. The desire he expressed in the poem "Non omnis moriar" to survive through art was recognized in the poetic tributes which marked his death. M. J. Othón wrote:

> Si el artista es un dios, no fuiste un hombre:
> vivas están tus obras inmortales;
> vivo en ellas y eterno tu renombre.

As the founder of the *Revista Azul* and the leader of the Mexican *modernistas*, he pursued his policy of cultural cross-fertilization, translating and imitating closely the Parnassians and the late European Romantics. His prose style was revolutionary and influential; his poetry was equally so, though his reluctance to interest himself in the facts of Mexican life led to growing criticism. At best, Gutiérrez Nájera's poems are either frivolous and witty in a Parisian way, when his Francophilia is only an advantage, or gloomy, when he plunges through Musset's sentimentality to the roots of his own—essentially religious—preoccupations.

Poesías completas, Edición y prólogo de Francisco González Guerrero, Porrúa, Mexico, 1953 (2 vols.).   See Boyd G. Carter, *Manuel Gutiérrez Nájera. Estudio y escritos inéditos*, Mexico, 1956.   Texts from: *Poesía* (vol. 1 of *Obras*), with a prologue by Justo Sierra, Oficina Impresora del Timbre, Mexico, 1896.   The dates of the poems are as given in that edition.

Crepúsculo

La tarde muere: sobre la playa
sus crespas olas la mar rompió;
deja que pronto de aquí me vaya,
que ya la tierra se obscureció.

Ven a mi lado; suelta los remos;
ven, un momento reposa aquí,
y los luceros brotar veremos
en ese manto de azul turquí.

No temas nada; la mar se calma,
10 las olas duermen: aquí está Dios!
Ven, y juntemos alma con alma
para que juntas digan adiós.

La noche llega: de joyas rica,
sus negros cofres abre al volar,
y tu flotante falda salpica
la blanca espuma que forma el mar.

Corre la ola tras de la ola,
en pos de Vésper, Sirio brotó:
todo se busca; la playa sola
20 como enlutada despareció.

Deja que agiten tu negra trenza
las frescas brisas al revolar:
ya la tranquila noche comienza
y entre las sombras se puede amar.

El alto faro su luz enciende,
las anchas velas se pierden ya,
el pez saltando las olas hiende
y la gaviota dormida está.

Dame tus manos: quiero tenerlas,
30   para abrigarme con su calor:
cárcel de conchas tienen las perlas,
cárcel de almas tiene el amor!

En esta débil barca que oscila
sobre el abismo vamos los dos:
amor escondes en tu pupila,
como en los cielos se oculta Dios.

Abre los ojos: no mires triste
cómo las olas van a morir;
se abre el abismo, como tú abriste
40   tu alma de virgen al porvenir.

La blanca estela que el barco deja
cual vía láctea del mar se ve,
ven: mientras tibia la luz se aleja,
en mis rodillas te sentaré.

Entre corales, nereida hermosa
su rubia trenza torciendo está;
con verdes ojos nos ve envidiosa
y a flor del agua se asoma ya.

Ufano riza tu cabellera
50   el aire blando que sopla aquí;
las olas mueren en la ribera,
mas tu cariño no muere en mí.

Si tienes miedo, secreto nido
entre mis brazos te formaré,
y como a niño que va dormido
con anchas pieles te cubriré.

Gimiendo el agua la barca mece;
la blanda brisa te arrullará,
mientras mi mano que se entumece,
60   entre tus bucles se esconderá.

Mira: mi remo las olas abre,
hacia la playa tuerzo el timón;
su negro seno la mar entreabre,
¡pero más negros tus ojos son!

(1880)

La Duquesa Job

A Manuel Puga y Acal

En dulce charla de sobremesa,
mientras devoro fresa tras fresa
y abajo ronca tu perro Bob,
te haré el retrato de la duquesa
que adora a veces el duque Job.

No es la condesa que Villasana
caricatura, ni la poblana
de enagua roja, que Prieto amó;
no es la criadita de pies nudosos,
10   ni la que sueña con los gomosos
y con los gallos de Micoló.

Mi duquesita, la que me adora,
no tiene humos de gran señora:
es la griseta de Paul de Kock.

No baila *Boston*, y desconoce
de las carreras el alto goce,
y los placeres del *five o'clock*.

Pero ni el sueño de algún poeta,
ni los querubes que vió Jacob,
20   fueron tan bellos cual la coqueta
de ojitos verdes, rubia griseta
que adora a veces el duque Job.

Si pisa alfombras, no es en su casa,
si por Plateros alegre pasa
y la saluda Madam Marnat,
no es, sin disputa, porque la vista;
sí porque a casa de otrar modista
desde temprano rápida va.

No tiene alhajas mi duquesita,
30   pero es tan guapa, y es tan bonita,
y tiene un cuerpo tan *v'lan*, tan *pschutt*;
de tal manera trasciende a Francia
que no la igualan en elegancia
ni las clientes de Hélène Kossut.

Desde las puertas de la Sorpresa
hasta la esquina del Jockey Club,
no hay española, *yankee* o francesa,
ni más bonita, ni más traviesa
que la duquesa del duque Job.

40   ¡Cómo resuena su taconeo
en las baldosas! ¡Con que meneo
luce su talle de tentación!
¡Con qué airecito de aristocracia
mira a los hombres, y con qué gracia
frunce los labios—¡Mimí Pinson!

Si alguien la alcanza, si la requiebra,
ella, ligera como una cebra,
sigue camino del almacén;
pero ¡ay del tuno si alarga el brazo!
50   ¡nadie le salva del sombrillazo
que le descarga sobre la sien!

¡No hay en el mundo mujer más linda!
Pie de andaluza, boca de guinda,
esprit rociado de Veuve Clicquot;
talle de avispa, cutis de ala,
ojos traviesos de colegiala
como los ojos de Louise Théo!

Agil, nerviosa, blanca, delgada,
media de seda bien restirada,
60   gola de encaje, corsé de ¡crac!,
nariz pequeña, garbosa, cuca,
y palpitantes sobre la nuca
rizos tan rubios como el cognac.

Sus ojos verdes bailan el tango;
nada hay más bello que el arremango
provocativo de su nariz!
Por ser tan joven y tan bonita
cual mi sedosa, blanca gatita,
diera sus pajes la emperatriz.

70   ¡Ah! tú no has visto cuando se peina,
sobre sus hombros de rosa reina
caer los rizos en profusión!
Tú no has oído qué alegre canta,
mientras sus brazos y su garganta
de fresca espuma cubre el jabón!

¡Y los domingos!... ¡Con qué alegría
oye en su lecho bullir el día
y hasta las nueve quieta se está!
¡Cuál se acurruca la perezosa,
80   bajo la colcha color de rosa,
mientras a misa la criada va!

La breve cofia de blanco encaje
cubre sus rizos, el limpio traje
aguarda encima del canapé;
altas, lustrosas y pequeñitas,
sus puntas muestran las dos botitas,
abandonadas del catre al pie.

Después, ligera, del lecho brinca.
¡Oh quién la viera cuando se hinca
90   blanca y esbelta sobre el colchón!
¿Qué valen junto de tanta gracia
las niñas ricas, la aristocracia,
ni mis amigas de cotillón?

Toco; se viste; me abre; almorzamos;
con apetito los dos tomamos
un par de huevos y un buen *beefsteak*,
media botella de rico vino,
y en coche juntos, vamos camino
del pintoresco Chapultepec.

100   Desde las puertas de la Sorpresa
hasta la esquina del Jockey Club,
no hay española, *yankee* o francesa,
ni más bonita ni más traviesa
que la duquesa del duque Job!

(1884)

El hada verde

(Canción del bohemio)

¡En tus abismos, negros y rojos
fiebre implacable, mi alma se pierde;
y en tus abismos miro los ojos
los verdes ojos del hada verde!

Es nuestra musa glauca y sombría,
la copa rompe, la lira quiebra,
y a nuestro cuello se enrosca impía
como culebra!

Llega y nos dice:—¡Soy el Olvido;
10   yo tus dolores aliviaré—;
y entre sus brazos, siempre dormido
yace Musset!

¡Oh, musa verde! Tú la que flotas
en nuestras venas enardecidas,
tú la que absorbes, tú la que agotas
almas y vidas!

En las pupilas concupiscencia;
juego en la mesa donde se pierde
con el dinero, vida y conciencia,
20   en nuestras copas, eres demencia . . .
oh, musa verde!

Son ojos verdes los que buscamos;
verde el tapete donde jugué,
verdes absintios los que apuramos,
y verde el sauce que colocamos
en tu sepulcro, pobre Musset!

(1887)

Para entonces

Quiero morir cuando decline el día,
en alta mar y con la cara al cielo;
donde parezca sueño la agonía,
y el alma, un ave que remonta el vuelo.

No escuchar en los últimos instantes,
ya con el cielo y con el mar a solas,
más voces ni plegarias sollozantes
que el majestuoso tumbo de las olas.

Morir cuando la luz, triste, retira
10   sus áureas redes de la onda verde,
y ser como ese sol que lento expira:
algo muy luminoso que se pierde.

Morir, y joven; antes que destruya
el tiempo aleve la gentil corona;
cuando la vida dice aún: soy tuya,
aunque sepamos bien que nos traiciona!

(1887)

Ondas muertas

A Luis Medrano

En la sombra debajo de tierra
donde nunca llegó la mirada,
se deslizan en curso infinito
silenciosas corrientes de agua.
Las primeras, al fin, sorprendidas,
por el hierro que rocas taladra,
en inmenso penacho de espumas
hervorosas y límpidas saltan.

Mas las otras, en densa tiniebla,
10   retorciéndose siempre resbalan,
sin hallar la salida que buscan,
a perpetuo correr condenadas.

A la mar se encaminan los ríos,
y en su espejo movible de plata,
van copiando los astros del cielo
o los pálidos tintes del alba:
ellos tienen cendales de flores,
en su seno las ninfas se bañan,
fecundizan los fértiles valles,
20   y sus ondas son de agua que canta.

En la fuente de mármoles níveos,
juguetona y traviesa es el agua,
como niña que en regio palacio
sus collares de perlas desgrana;
ya cual flecha bruñida se eleva,
ya en abierto abanico se alza,
de diamantes salpica las hojas
o se duerme cantando en voz baja.

En el mar soberano las olas
30   los peñascos abruptos asaltan:
al moverse, la tierra conmueven
y en tumulto los cielos escalan.
Allí es vida y es fuerza invencible,
allí es reina colérica el agua,
como igual con los cielos combate
y con dioses y monstruos batalla.

¡Cuán distinta la negra corriente
a perpetua prisión condenada,
la que vive debajo de tierra
40   do ni yertos cadáveres bajan!

La que nunca la luz ha sentido,
la que nunca solloza ni canta,
esa muda que nadie conoce,
esa ciega que tienen esclava!

Como ella, de nadie sabidas,
como ella, de sombras cercadas,
sois vosotras también, las obscuras
silenciosas corrientes de mi alma.
¿Quién jamás conoció vuestro curso?
50 ¡Nadie a veros benévolo baja!
Y muy hondo, muy hondo se extienden
vuestras olas cautivas que callan!

Y si paso os abrieran, saldríais,
como chorro bullente de agua,
que en columna rabiosa de espuma
sobre pinos y cedros se alza!
Pero nunca jamás, prisioneras,
sentiréis de la luz la mirada:
¡seguid siempre rodando en la sombra,
60 silenciosas corrientes del alma.

(1887)

De blanco

¿Qué cosa más blanca que cándido lirio?
¿Qué cosa más pura que místico cirio?
¿Qué cosa más casta que tierno azahar?
¿Qué cosa más virgen que leve neblina?
¿Qué cosa más santa que el ara divina
                    de gótico altar?

De blancas palomas el aire se puebla;
con túnica blanca, tejida de niebla,
se envuelve a lo lejos feudal torreón;

10   erguida en el huerto la trémula acacia
       al soplo del viento sacude con gracia
                      su níveo pompón.

       ¿No ves en el monte la nieve que albea?
       La torre muy blanca domina la aldea,
       las tiernas ovejas triscando se van;
       de cisnes intactos el lago se llena;
       columpia su copa la enhiesta azucena
       y su ánfora inmensa levanta el volcán.

       Entremos al templo: la hostia fulgura;
20   de nieve parecen las canas del cura,
       vestido con alba de lino sutil;
       cien niñas hermosas ocupan las bancas,
       y todas vestidas con túnicas blancas
       en ramos ofrecen las flores de abril.

       Subamos al coro: la virgen propicia
       escucha los rezos de casta novicia
       y el cristo de mármol expira en la cruz;
       sin mancha se yerguen las velas de cera;
       de encaje es la tenue cortina ligera
30   que ya transparenta del alba la luz.

       Bajemos al campo: tumulto de plumas
       parece el arroyo de blancas espumas
       que quieren, cantando, correr y saltar;
       su airosa mantilla de fresca neblina
       tercó la montaña; la vela latina
       de barca ligera se pierde en el mar.

       Ya salta del lecho la joven hermosa
       y el agua refresca sus hombros de diosa,
       sus brazos ebúrneos, su cuello gentil;

40   cantando y risueña se ciñe la enagua,
        y trémulas brillan las gotas del agua
        en su árabe peine de blanco marfil.

        ¡Oh mármol! ¡Oh nieves! ¡Oh inmensa blancura
        que esparces doquiera tu casta hermosura!
        ¡Oh tímida virgen! ¡Oh casta vestal!
        Tú estás en la estatua de eterna belleza;
        de tu hábito blando nació la pureza,
        ¡al ángel das alas, sudario al mortal!

        Tú cubres al niño que llega a la vida,
50   coronas las sienes de fiel prometida,
        al paje revistes de rico tisú.
        ¡Qué blancas son, reinas, los mantos de armiño!
        ¡Qué blanca es, ¡oh madres! la cuna del niño!
        ¡Qué blanca, mi amada, qué blanca eres tú!

        En sueños ufanos de amores contemplo
        alzarse muy blancas las torres de un templo
        y oculto entre lirios abrirse un hogar;
        y el velo de novia prenderse a tu frente,
        cual nube de gasa que cae lentamente
60   y viene en tus hombros su encaje a posar.

                                        (1888)

A la Corregidora

        Al viejo primate, las nubes de incienso;
        al héroe, los himnos; a Dios, el inmenso
        de bosques y mares solemne rumor;
        al púgil que vence, la copa murrina;
        al mártir, las palmas; y a ti —la heroína—
        las hojas de acanto y el trébol en flor.

Hay versos de oro y hay notas de plata;
mas busco, señora, la estrofa escarlata
que sea toda sangre, la estrofa oriental:
10   y húmedas, vivas, calientes y rojas,
a mí se me tienden las trémulas hojas
que en gráciles redes columpia el rosal.

¡Brotad, nuevas flores! ¡Surgid a la vida!
¡Despliega tus alas, gardenia entumida!
¡Botones, abríos! ¡Oh mirtos, arded!
¡Lucid, amapolas, los ricos briales!
¡Exúberas rosas, los pérsicos chales
de sedas joyantes al aire tended!

¿Oís un murmullo que, débil, remeda
20   el frote friolento de cauda de seda
en mármoles tersos o limpio marfil?
¿Oís? . . . ¡Es la savia fecunda que asciende,
que hincha los tallos y rompe y enciende
los rojos capullos del príncipe Abril!

¡Oh noble señora! La tierra te canta
el salmo de vida, y a ti se levanta
el germen despierto y el núbil botón;
el lirio gallardo de cáliz erecto;
y fúlgido, leve, vibrando, el insecto
30   que rasga impaciente su blanda prisión!

La casta azucena, cual tímida monja,
inciensa tus aras; la dalia se esponja
como ave impaciente que quiere volar;
y astuta, prendiendo su encaje a la piedra,
en corvos festones circunda la yedra,
celosa y constante, señora, tu altar!

El chorro del agua con ímpetu rudo,
en alto su acero, brillante y desnudo,
bruñido su casco, rizado el airón,
40 y el iris por banda, buscándote salta
cual joven amante que brinca a la alta
velada cornisa de abierto balcón.

Venid a la fronda que os brinda hospedaje,
¡oh pájaros raudos de rico plumaje!
Los nidos aguardan: ¡venid y cantad!
Cantad a la alondra que dijo al guerrero
el alba anunciando: ¡Desnuda tu acero,
despierta a los tuyos . . . Es hora . . . Marchad!

(1895)
(*Poesía*, 1896)

JULIÁN DEL CASAL
(Cuba; 1863–1893)

WHATEVER the assessment of posterity may be, Casal was better known as a *modernista* poet than his compatriot Martí, both within and outside Cuba. Casal's first book of verse, *Hojas al viento* (1890) gained him entrance to the household of Esteban Borrero, the centre of intellectual life in Havana at the end of the nineteenth century. His reputation grew as he continued to publish in the periodical *La Habana Elegante* and in two further collections of verse. He came to earn the admiration of the Borrero circle (which included the poet Federico Uhrbach), of Hernández Miyares, the influential director of *La Habana Elegante,* and of Darío himself during his visit to Havana in 1892.

His verse was found attractive for its vivid pictorial qualities, and for its capacity to suggest atmosphere primarily through visual sensation, as in the sonnet "Paisaje de verano". In the sonnets on ten paintings by Gustave Moreau he began a tradition which had important manifestations in Spanish *modernismo,* notably in the poetry of Manuel Machado. As a poet-painter, Casal was obviously greatly indebted to the Parnassians, many of whom he translated in *Hojas al viento.*

Casal's early death and unhappy, recessive life (he lost both parents and fortune when young and failed, perhaps deliberately, to fulfil his one illusion: to see Paris) drew attention to the obsessive melancholy of much of his poetry. But in this vein he is uneven and gives the impression of not having developed his potential. It is interesting to note, for example, that he failed to explore his attraction to Baudelaire, even in a poem with a title as arresting as "Canción a la morfina".

Poesías completas, edited by M. Cabrera Saqui, Havana, 1965. See J. M. Monner Sans, *Julián del Casal y el modernismo hispanoamericano*, Colegio de México, Mexico, 1952. Texts from: *Nieve*, Edición de El Intransigente, Mexico, 1893 (I have been unable to trace the frequently mentioned edition of 1892 and wonder whether it exists); *Bustos y rimas*, 1893, from *Poesías completas*. "Paisaje de verano" from *Literatura de El Heraldo* (Bogotá), ii (1893), 48.

Salomé

En el palacio hebreo, donde el suave
humo fragante por el sol deshecho,
sube a perderse en el calado techo
o se dilata en la anchurosa nave;

está el Tetrarca de mirada grave,
barba canosa y extenuado pecho,
sobre el trono, hierático y derecho,
como adormido por canciones de ave.

Delante de él, con veste de brocado
10   estrellada de ardiente pedrería,
al dulce son del bandolín sonoro,

Salomé baila y, en la diestra alzado,
muestra siempre radiante de alegría,
un loto blanco de pistilos de oro.

Vespertino

Agoniza la luz. Sobre los verdes
montes alzados entre brumas grises,
parpadea el lucero de la tarde
cual la pupila de doliente virgen
en la hora final. El firmamento
que se despoja de brillantes tintes

aseméjase a un ópalo grandioso
engastado en los negros arrecifes
de la playa desierta. Hasta la arena
10 se va poniendo negra. La onda gime
por la muerte del sol y se adormece
lanzando al viento sus clamores tristes.

Kakemono

Hastiada de reinar con la hermosura
que le dió el cielo, por nativo dote,
pediste al arte su potente auxilio
para sentir el anhelado goce
de ostentar la hermosura de las hijas
del país de los anchos quitasoles
pintados de doradas mariposas
revoloteando entre azulinas flores.

Borrando de tu faz el fondo níveo
10 hiciste que adquiriera los colores
pálidos de los rayos de la luna,
cuando atraviesan los sonoros bosques
de flexibles bambúes. Tus mejillas
pintaste con el tinte que se esconde
en el rojo cinabrio. Perfumaste
de almizcle conservado en negro cofre
tus formas virginales. Con obscura
pluma de golondrina puesta al borde
de ardiente pebetero, prolongaste
20 de tus cejas el arco. Acomodóse
tu cuerpo erguido en amarilla estera
y, ante el espejo oval, montado en cobre,
recogiste el raudal de tus cabellos
con agujas de oro y blancas flores.

Ornada tu belleza primitiva
por diestra mano, con extraños dones,
sumergiste tus miembros en el traje
de seda japonesa. Era de corte
imperial. Ostentaba ante los ojos
30   el azul de brillantes graduaciones
que tiene el cielo de la hermosa Yedo,
el rojo que la luz deja en los bordes
del raudo Kisogawa y la blancura
jaspeada de fulgentes tornasoles
que, a los granos de arroz en las espigas,
presta el sol con sus ígneos resplandores.
Recamaban tu regia vestidura
cigüeñas, mariposas y dragones
hechos con áureos hilos. En tu busto
40   ajustado por anchos ceñidores
de crespón, amarillos crisantemos
tu sierva colocó. Cogiendo entonces
el abanico de marfil calado
y plumas de avestruz, a los fulgores
de encendidas arañas venecianas,
mostraste tu hermosura en los salones,
inundando de férvida alegría
el alma de los tristes soñadores.

¡Cuán seductora estabas! ¡No más bella
50   surgió la Emperatriz de los nipones
en las pagodas de la santa Kioto
o en la fiesta brillante de las flores!
Jamás ante una imagen tan hermosa
quemaron los divinos sacerdotes
granos de incienso en el robusto lomo
de un elefante cincelado en bronce
por hábil escultor! ¡El Yoshivara
en su recinto no albergó una noche
belleza que pudiera disputarle

60   el lauro a tu belleza! ¡En los jarrones,
biombos, platos, estuches y abanicos
no trazaron los clásicos pintores
figura feminina que reuniera
tal número de hermosas perfecciones!

Envío

Viendo así retratada tu hermosura
mis males olvidé. Dulces acordes
quise arrancar del arpa de otros días
y, al no ver retornar mis ilusiones,
sintió mi corazón glacial tristeza
70   evocando el recuerdo de esa noche,
como debe sentirla el árbol seco
mirando que, al volver las estaciones,
no renacen jamás sobre sus ramas
los capullos fragantes de las flores
que le arrancó de entre sus verdes hojas
el soplo de otoñales aquilones.

Paisaje de verano

Polvo y moscas. Atmósfera plomiza
donde retumba el tabletear del trueno
y, como cisnes entre inmundo cieno,
nubes blancas en cielo de ceniza.

El mar sus ondas glaucas paraliza
y el relámpago, encima de su seno,
del horizonte en el confín sereno
traza su rauda exhalación rojiza.

El árbol soñoliento cabecea,
10   honda calma se cierne largo instante,
hienden el aire rápidas gaviotas,

el rayo en el espacio centellea
y sobre el dorso de la tierra humeante
baja la lluvia en crepitantes gotas.

Horridum somnium

Al Sr. D. Raimundo Cabrera

¡Cuántas noches de insomnio pasadas
en la fría blancura del lecho,
ya abrevado de angustia infinita,
ya sumido en amargos recuerdos,
perturbando la lóbrega calma
difundida en mi espíritu enfermo,
como errantes luciérnagas verdes
del jardín en los lirios abiertos,
hasta el fondo glacial de mi alma,
10   áureo enjambre de sacros ensueños!

Cual penetran los rayos de luna
por la escala sonora del viento,
en el hosco negror del sepulcro
donde yace amarillo esqueleto,
tal desciende la dicha celeste,
en las alas de fúlgidos sueños,
ha venido a posarse en mi alma
cripta negra en que duerme el deseo.

Así he visto llegar a mis ojos,
20   en la fría tiniebla entreabiertos,
desde lóbregos mares de sombras,
alumbrados por rojos destellos,
a las castas bellezas marmóreas
que, ceñidos de joyas los cuerpos
y una flor elevada en las manos,

colorea entre eriales roqueños
el divino Moreau, a las frías
hermosuras de estériles senos
que, cual *flores del mal*, han caído
30   de la vida al oscuro sendero;
a Anactoria, la amada doliente,
emperlados de sangre los pechos
y encendidos los ojos diabólicos
por la fiebre de extraños deseos;
a María, la virgen hebrea,
con sus tocas brillantes de duelo
y su manto de estrellas de oro
centelleando en sus largos cabellos;
a la mística Eloa, cruzadas
40   ambas manos encima del pecho
y tornados los húmedos ojos
hacia el cálido horror del Infierno;
y a Eleonora, la pálida novia,
que, ahuyentando la sombra del cuervo,
cicatriza mis rojas heridas
con el frío mortal de sus besos.

Mas un día—¡oh, Rembrandt!, no ha trazado
tu pincel otro cuadro más negro—
agrupados en ronda dantesca
50   de la fiebre los rojos espectros,
al rumor de canciones malditas
arrojaron mi lánguido cuerpo
en el fondo de fétido foso
donde airados croajaban los cuervos.

Como eleva la púdica virgen,
al dejar los umbrales del templo,
la mantilla de negros encajes
que cubría su rostro risueño,
así entonces el astro nocturno,

60 los celajes opacos rompiendo,
    ostentaba su disco de plata
    en el negro azulado del cielo.

    Y, al fulgor que esparcía en el aire,
    yo sentí deshacerse mis miembros,
    entre chorros de sangre violácea,
    sobre capas humeantes de cieno,
    en viscoso licor amarillo
    que goteaban mis lívidos huesos.

    Alredor de mis fríos despojos,
70 en el aire, zumbaban insectos
    que, ensanchados los húmedos vientres
    por la sangre absorbida en mi cuerpo,
    ya ascendían en rápido impulso,
    ya embriagados caían al suelo.

    De mi cráneo, que un globo formaba
    erizado de rojos cabellos,
    descendían al rostro deforme,
    saboreando el licor purulento,
    largas sierpes de piel solferina
80 que llegaban al borde del pecho,
    donde un cuervo de pico acerado
    implacable roíame el sexo.

    Junto al foso, espectrales mendigos,
    sumergidos los pies en el cieno
    y rasgadas las ropas mugrientas,
    contemplaban el largo tormento,
    mientras grupos de impuras mujeres,
    en unión de aterrados mancebos,
    retorcían los cuerpos lascivos
90 exhalando alaridos siniestros.

Muchos días, llenando mi alma
de pavor y de frío y de miedo,
he mirado este fúnebre cuadro
resurgir a mis ojos abiertos,
y al pensar que no pude en la vida
realizar mis felices anhelos,
con los ojos preñados de lágrimas
y el horror de la muerte en el pecho,
ante el Dios de mi infancia pregunto:
100   —Del enjambre incesante de ensueños
que persiguen mi alma sombría
de la noche en el frío silencio,
¿será sólo el ensueño pasado
el que logre palpar mi deseo
en la triste jornada terrestre?
¿Será el único, ¡oh, Dios!, verdadero?

(*Nieve*)

Sourimono

Como rosadas flechas de aljabas de oro
vuelan de los bambúes finos flamencos,
poblando de graznidos el bosque mudo,
rompiendo de la atmósfera los níveos velos.

El disco anaranjado del Sol poniente
que sube tras la copa de arbusto seco,
finge un nimbo de oro que se desprende
del cráneo amarfilado de un bonzo yerto.

Y las ramas erguidas de los juncales
10   cabecean al borde de los riachuelos,
como al soplo del aura sobre la playa
los mástiles sin velas de esquifes viejos.

En el campo

Tengo el impuro amor de las ciudades.
Y a este sol que ilumina las edades
prefiero yo del gas las claridades.

A mis sentidos lánguidos arroba,
más que el olor de un bosque de caoba,
el ambiente enfermizo de una alcoba.

Mucho más que las selvas tropicales,
plácenme los sombríos arrabales
que encierran las vetustas capitales.

10 A la flor que se abre en el sendero,
como si fuese terrenal lucero,
olvido por la flor de invernadero.

Más que la voz del pájaro en la cima
de un árbol todo en flor, a mi alma anima
la música armoniosa de una rima.

Nunca a mi corazón tanto enamora
el rostro virginal de una pastora,
como un rostro de regia pecadora.

Al oro de la mies en primavera,
20 yo siempre en mi capricho prefiriera
el oro de teñida cabellera.

No cambiara sedosas muselinas
por los velos de nítidas neblinas
que la mañana prende en las colinas.

Más que el raudal que baja de la cumbre
quiero oír a la humana muchedumbre
gimiendo en su perpetua servidumbre.

El rocío que brilla en la montaña
no ha podido decir a mi alma extraña
30   lo que el llanto al bañar una pestaña.

Y el fulgor de los astros rutilantes
no trueco por los vívidos cambiantes
del ópalo, la perla o los diamantes.

(Bustos y rimas)

JOSÉ ASUNCIÓN SILVA

(Colombia; 1865–1896)

SILVA's "Nocturno" remains one of the best-known poems of
Spanish America. And Silva is customarily thought of in con-
nexion with it as a brooding, nocturnal latter-day Romantic.
Much of his biography supports this image. He lived on the
vanishing remnants of his family's fortune, enjoyed an intense
and mysterious relationship with his sister Elvira who died almost
still an adolescent, lost much of what he considered his best work
in a shipwreck when returning from Europe, and taking his tor-
tured disillusionment to its logical conclusion finally shot himself
(like Werther) in his room at the age of 30. He had one of the
most restless and unpredictable minds of the *modernistas*. His
reading was not confined to French literature (he visited France
1883–5) but included the English Romantics, Poe, from whom
like Baudelaire he extracted greater worth than was originally
there, Nietzsche, Schopenhauer, and the Spanish poets Bartrina
and Campoamor. He used Bartrina's laconic style to express the
ruthless incisiveness he learnt from the German philosophers in a
series of poems he entitled "Gotas amargas". This series is in
cold opposition to the impassioned drive of the "Nocturno" and
"Poeta, di paso", in which Silva used rhythmic syllabic groupings
in a way unprecedented in Spanish. Much of Silva's work is still
being discovered in periodicals and journals and important
discrepancies between the various editions of main works, all
posthumous, have still to be finally resolved. But what is known
suggests that he never found a tone that could accommodate
the extremes of the agonized schizophrenia which he disguised
so ably in his autobiographical novel *De sobremesa*.

Poesías completas [in fact not complete], Aguilar, Madrid, 1963. See C.
García Prada, *José Asunción Silva. Prosas y versos*, Ed. Cultura, Mexico, 1942.
Texts from *Poesías*, J. Roa, Bogotá, 1908; "Nocturno" from fascimile in
Cuadernos (Paris), 98.

Un poema

Soñaba en ese entonces en forjar un poema,
de arte nervioso y nuevo, obra audaz y suprema,

escogí entre un asunto grotesco y otro trágico
llamé a todos los ritmos con un conjuro mágico

y los ritmos indóciles vinieron acercándose,
juntándose en las sombras, huyéndose y buscándose,

ritmos sonoros, ritmos potentes, ritmos graves,
unos cual choque de armas, otros cual cantos de aves.

De Oriente hasta Occidente, desde el Sur hasta el Norte
10 de metros y de formas se presentó la corte.

Tascando frenos áureos bajo las riendas frágiles
cruzaron los tercetos, como corceles ágiles;

abriéndose ancho paso por entre aquella grey
vestido de oro y púrpura llegó el soneto rey,

y allí cantaron todos .... Entre la algarabía,
me fascinó el espíritu, por su coquetería

alguna estrofa aguda que excitó mi deseo,
con el retintín claro de su campanilleo.

Y la escogí entre todas ... Por regalo nupcial
20 le di unas rimas ricas, de plata y de cristal.

En ella conté un cuento, que huyendo lo servil,
tomó un carácter trágico, fantástico y sutil.

Era la historia triste, desprestigiada y cierta
de una mujer hermosa, idolatrada y muerta,

y para que sintieran la amargura, exprofeso,
junté sílabas dulces como el sabor de un beso,

bordé las frases de oro, les di música extraña
como de mandolinas que un laúd acompaña,

dejé en una luz vaga las hondas lejanías
30 llenas de nieblas húmedas y de melancolías.

Y por el fondo oscuro, como en mundana fiesta,
cruzan ágiles máscaras al compás de la orquesta,

envueltas en palabras que ocultan como un velo,
y con caretas negras de raso y terciopelo,

cruzar hice en el fondo las vagas sugestiones
de sentimientos místicos y humanas tentaciones . . . .

Complacido en mis versos, con orgullo de artista,
les di olor de heliotropos y color de amatista . . . .

Le mostré mi poema a un crítico estupendo . . . .
40 Y los leyó seis veces y me dijo . . . . ¡No entiendo!

Vejeces

Las cosas viejas, tristes, desteñidas,
sin voz y sin color, saben secretos
de las épocas muertas, de las vidas
que ya nadie conserva en la memoria,
y a veces a los hombres, cuando inquietos
las miran y las palpan, con extrañas
voces de agonizante, dicen, paso,
casi al oído, alguna rara historia
que tiene oscuridad de telarañas,
10 són de laúd y suavidad de raso.

¡Colores de anticuada miniatura,
hoy, de algún mueble en el cajón, dormida;
cincelado puñal; carta borrosa,
tabla en que se deshace la pintura
por el tiempo y el polvo ennegrecida;
histórico blasón, donde se pierde
la divisa latina, presuntuosa,
medio borrada por el líquen verde;
misales de las viejas sacristías;
20   de otros siglos fantásticos espejos
que en el azogue de las lunas frías
guardáis de lo pasado los reflejos;
arca, en un tiempo de ducados llena,
crucifijo que tanto moribundo,
humedeció con lágrimas de pena
y besó con amor grave y profundo;
negro sillón de Córdoba; alacena
que guardaba un tesoro peregrino
y donde anida la polilla sola;
30   sortija que adornaste el dedo fino
de algún hidalgo de espadín y gola;
mayúsculas del viejo pergamino;
batista tenue que a vainilla hueles;
seda que te deshaces en la trama
confusa de los ricos brocateles;
arpa olvidada que al sonar, te quejas;
barrotes que formáis un monograma
incomprensible en las antiguas rejas,
el vulgo os huye, el soñador os ama
40   y en vuestra muda sociedad reclama
las confidencias de las cosas viejas!

El pasado perfuma los ensueños
con esencias fantásticas y añejas
y nos lleva a lugares halagüeños
en épocas distantes y mejores;

por eso a los poetas soñadores,
les son dulces, gratísimas y caras,
las crónicas, historias y consejas,
las formas, los estilos, los colores,
50   las sugestiones místicas y raras
y los perfumes de las cosas viejas.

Poeta, di paso

¡Poeta, di paso
los furtivos besos!...

¡La sombra! ¡Los recuerdos! La luna no vertía
allí ni un solo rayo . . . . Temblabas y eras mía.
Temblabas y eras mía bajo el follaje espeso,
una errante luciérnaga alumbró nuestro beso,
el contacto furtivo de tus labios de seda . . . .
La selva negra y mística fue la alcoba sombría . . . .
En aquel sitio el musgo tiene olor de reseda . . . .
10   Filtró luz por las ramas cual si llegara el día,
entre las nieblas pálidas la luna aparecía . . . .

¡Poeta, di paso
los íntimos besos!

¡Ah, de las noches dulces me acuerdo todavía!
En señorial alcoba, do la tapicería
amortiguaba el ruido con sus hilos espesos
desnuda tú en mis brazos fueron míos tus besos:
tu cuerpo de veinte años entre la roja seda,
tus cabellos dorados y tu melancolía,
20   tus frescuras de virgen y tu olor de reseda . . . .
Apenas alumbraba la lámpara sombría
los desteñidos hilos de la tapicería.

¡Poeta, di paso
el último beso!

¡Ah, de la noche trágica me acuerdo todavía!
El ataúd heráldico en el salón yacía,

mi oído fatigado por vigilias y excesos,
sintió como a distancia los monótonos rezos!
Tú, mustia, yerta y pálida entre la negra seda,
30   la llama de los cirios temblaba y se movía,
perfumaba la atmósfera un olor de reseda,
un crucifijo pálido los brazos extendía
y estaba helada y cárdena tu boca que fue mía!

Nocturno

Una noche,
una noche toda llena de perfumes, de murmullos y de
          una noche   [músicas de alas,
en que ardían en la sombra nupcial y húmeda, las
                                        [luciérnagas fantásticas,
a mi lado, lentamente, contra mí ceñida, toda,
          Muda y pálida
como si un presentimiento de amarguras infinitas,
hasta el fondo más secreto de tus fibras te agitara,
por la senda que atraviesa la llanura florecida
10   caminabas,
          y la luna llena
por los cielos azulosos, infinitos y profundos esparcía su luz
          y tu sombra   [blanca,
          fina y lánguida,
          y mi sombra
por los rayos de la luna proyectada
sobre las arenas tristes
de la senda se juntaban
          y eran una
20   y eran una
¡y eran una sola sombra larga!
¡y eran una sola sombra larga!
¡y eran una sola sombra larga!

Esta noche
solo, el alma
llena de las infinitas amarguras y agonías de tu muerte,
separado de ti misma, por la sombra, por el tiempo y la
     por el infinito negro,   [distancia,
     donde nuestra voz no alcanza,
30   solo y mudo
     por la senda caminaba,
y se oían los ladridos de los perros a la luna,
     a la luna pálida
     y el chillido
     de las ranas.
Sentí frío, era el frío que tenían en la alcoba
tus mejillas y tus sienes y tus manos adoradas,
     entre las blancuras níveas
     de las mortüorias sábanas!
40 Era el frío del sepulcro, era el frío de la muerte
     era el frío de la nada . . . .
     Y mi sombra
por los rayos de la luna proyectada,
     iba sola
     iba sola
     ¡iba sola por la estepa solitaria!
     Y tu sombra esbelta y ágil
     fina y lánguida,
como en esa noche tibia de la muerta primavera,
50 como en esa noche llena de perfumes, de murmullos y de
                  [músicas de alas,

     se acercó y marchó con ella,
     se acercó y marchó con ella,
se acercó y marchó con ella . . . . ¡Oh las sombras enlazadas!
¡Oh las sombras que se buscan y se juntan en las noches de
             [negruras y de lágrimas!. . . .

Cápsulas

El pobre Juan de Dios, tras de los éxtasis
del amor de Aniceta, fue infeliz.
Pasó tres meses de amarguras graves,
  y, tras lento sufrir,
se curó con copaiba y con las cápsulas
  de Sándalo Midy.

Enamorado luego de la histérica Luisa,
  rubia sentimental,
se enflaqueció, se fue poniendo tísico
  y al año y medio o más
se curó con bromuro, y con las cápsulas
  de éter de Clertán.

Luego, desencantado de la vida,
  filósofo sutil,
a Leopardi leyó, y a Schopenhauer
  y en un rato de *spleen*,
se curó para siempre con las cápsulas
  de plomo de un fusil.

        (*Poesías*)

RUBÉN DARÍO
(Nicaragua; 1867–1916)

Darío was not always kind or honest in the way he established his reputation as the leader of the *modernistas*. But with few exceptions they recognized this leadership; and the quality of his best poetry has survived to encourage modern critics to accept it too. The celebrations marking the centenary of his birth which were held in 1967—called the Rubén Darío year by UNESCO—have in this sense been a kind of beatification.

Darío emerged from one of the smallest Spanish American states to become a citizen of the whole continent. During the periods he spent in San Salvador (where he knew and learnt from the poet Francisco Gavidia), Santiago de Chile, Buenos Aires and the Caribbean, he became the focus of poetic activity and encircled himself with admirers, imitators and "brothers", as he called his fellow poets. It was he more than anyone else who supervised the cultural "return of the galleons" to Spain during his diplomatic service in Madrid. He also spent long periods in Paris as a diplomat, a correspondent of *La Nación*, and as the director of various literary enterprises.

The resources of Spanish verse were enriched enormously by Darío who in his sonnets particularly made a new and supple instrument out of the Spanish alexandrine. The hexameters of the "Salutación del optimista" are the most successful in the language and he was remarkable for his use of rhythmic syllabic groupings in the style of Silva. Darío has been both characterized and criticized as variously as he characterized himself in the often scintillating prefaces to his books: the effete aristocrat, the hypersensitive sensualist, the roaring Latinist, the nostalgic philosopher, the sad old man. Most critics would today admit

that he was all of those things and that to identify him with any
one of them is as misguided as to say that the whole of *modernismo*
can be found within his influential "decadent" collection *Prosas
profanas.*

Poesías completas, edición, introducción y notas de A. Méndez Plancarte,
Aguilar, Madrid, 1961. See E. K. Mapes, *L'influence française dans l'œuvre de
Rubén Darío,* Paris, 1925; A. Marasso, *Rubén Darío y su creación poética,* Buenos
Aires, 1954; P. Salinas, *La poesía de Rubén Darío,* Buenos Aires, 1948. Texts from:
Azul..., Imprenta y litografía Excelsior, Valparaíso, 1888; *Prosas profanas,*
P. E. Coni, Buenos Aires, 1896; *Cantos de vida y esperanza,* Tipografía de la
Revista de Archivos, Bibliotecas y Museos, Madrid, 1905; *El canto errante,* Ed.
Pérez Villavicencio, Madrid, 1907.

Invernal

Noche. Este viento vagabundo lleva
las alas entumidas
y heladas. El gran Andes
yergue al inmenso azul su blanca cima.
La nieve cae en copos,
sus rosas transparentes cristaliza;
en la ciudad, los delicados hombros
y gargantas se abrigan;
ruedan y van los coches,
10   suenan alegres pianos, el gas brilla;
y si no hay un fogón que le caliente,
el que es pobre tirita.

    Yo estoy con mis radiantes ilusiones
y mis nostalgias íntimas,
junto a la chimenea
bien harta de tizones que crepitan.
Y me pongo a pensar: ¡Oh! ¡Si estuviese
ella, la de mis ansias infinitas,
la de mis sueños locos
20   y mis azules noches pensativas!

¿Cómo? Mirad:
            De la apacible estancia
en la extensión tranquila
vertería la lámpara reflejos
de luces opalinas.
Dentro, el amor que abrasa;
fuera, la noche fría;
el golpe de la lluvia en los cristales,
y el vendedor que grita
su monótona y triste melopea
30   a las glaciales brisas.
Dentro, la ronda de mis mil delirios,
las canciones de notas cristalinas,
unas manos que toquen mis cabellos,
un aliento que roce mis mejillas,
un perfume de amor, mil conmociones,
mil ardientes caricias;
ella y yo: los dos juntos, los dos solos;
la amada y el amado, ¡oh Poesía!,
los besos de sus labios,
40   la música triunfante de mis rimas,
y en la negra y cercana chimenea
el tuero brillador que estalla en chispas.

¡Oh! ¡Bien haya el brasero
lleno de pedrería!
Topacios y carbunclos,
rubíes y amatistas
en la ancha copa etrusca
repleta de ceniza.
Los lechos abrigados,
50   las almohadas mullidas,
las pieles de Astrakán, los besos cálidos
que dan las bocas húmedas y tibias.
¡Oh viejo Invierno, salve!,
puesto que traes con las nieves frígidas

el amor embriagante
y el vino del placer en tu mochila.

Sí, estaría a mi lado,
dándome sus sonrisas,
ella, la que hace falta a mis estrofas,
60   ésa que mi cerebro se imagina;
la que, si estoy en sueños,
se acerca y me visita;
ella que, hermosa, tiene
una carne ideal, grandes pupilas,
algo del mármol, blanca luz de estrella;
nerviosa, sensitiva,
muestra el cuello gentil y delicado
de las Hebes antiguas;
bellos gestos de diosa,
70   tersos brazos de ninfa,
lustrosa cabellera
en la nuca encrespada y recogida,
y ojeras que denuncian
ansias profundas y pasiones vivas.
¡Ah, por verla encarnada,
por gozar sus caricias,
por sentir en mis labios
los besos de su amor, diera la vida!
Entre tanto hace frío.
80   Yo contemplo las llamas que se agitan,
cantando alegres con sus lenguas de oro,
móviles, caprichosas e intranquilas,
en la negra y cercana chimenea
do el tuero brillador estalla en chispas.

Luego pienso en el coro
de las alegres liras,
en la copa labrada el vino negro,
la copa hirviente cuyos bordes brillan

con iris temblorosos y cambiantes
90   como un collar de prismas;
el vino negro que la sangre enciende
y pone el corazón con alegría,
y hace escribir a los poetas locos
sonetos áureos y flamantes silvas.
El Invierno es beodo.
Cuando soplan sus brisas,
brotan las viejas cubas
la sangre de las viñas.
Sí, yo pintara su cabeza cana
100   con corona de pámpanos guarnida.
El Invierno es galeoto,
porque en las noches frías
Páolo besa a Francesca
en la boca encendida,
mientras su sangre como fuego corre
y el corazón ardiendo le palpita.
¡Oh crudo Invierno, salve!,
puesto que traes con las nieves frígidas
el amor embriagante
110   y el vino del placer en tu mochila.

Ardor adolescente,
miradas y caricias:
¡cómo estaría trémula en mis brazos
la dulce amada mía,
dándome con sus ojos luz sagrada,
con su aroma de flor, savia divina.
En la alcoba, la lámpara
derramando sus luces opalinas;
oyéndose tan sólo
120   suspiros, ecos, risas;
el ruido de los besos,
la música triunfante de mis rimas,
y en la negra y cercana chimenea

el tuero brillador que estalla en chispas.
Dentro, el amor que abrasa;
fuera, la noche fría.

(Azul ...)

Era un aire suave

Era un aire suave, de pausados giros:
el hada Harmonía ritmaba sus vuelos,
e iban frases vagas y tenues suspiros
entre los sollozos de los violoncelos.

Sobre la terraza, junto a los ramajes,
diríase un trémolo de liras eolias
cuando acariciaban los sedosos trajes,
sobre el tallo erguidas, las blancas magnolias

La marquesa Eulalia risas y desvíos
10   daba a un tiempo mismo para dos rivales:
el vizconde rubio de los desafíos
y el abate joven de los madrigales.

Cerca, coronado con hojas de viña,
reía en su máscara Término barbudo,
y, como un efebo que fuese una niña,
mostraba una Diana su mármol desnudo.

Y bajo un boscaje del amor palestra,
sobre el rico zócalo al modo de Jonia,
con un candelabro prendido en la diestra
20   volaba el Mercurio de Juan de Bolonia.

La orquesta perlaba sus mágicas notas,
un coro de sones alados se oía;
galantes pavanas, fugaces gavotas
cantaban los dulces violines de Hungría.

Al oír las quejas de sus caballeros,
ríe, ríe, ríe la divina Eulalia,
pues son su tesoro las flechas de Eros,
el cinto de Cipria, la rueca de Onfalia.

¡Ay de quien sus mielcs y frases recoja!
30   ¡Ay de quien del canto de su amor se fíe!
Con sus ojos lindos y su boca roja,
la divina Eulalia ríe, ríe, ríe.

Tiene azules ojos, es maligna y bella;
cuando mira, vierte viva luz extraña;
se asoma a las húmedas pupilas de estrella
el alma del rubio cristal de Champaña.

Es nochc de fiesta, y el baile de trajes
ostenta su gloria de triunfos mundanos.
La divina Eulalia, vestida de encajes,
40   una flor destroza con sus tersas manos.

El teclado harmónico de su risa fina
a la alegre música de un pájaro iguala,
con los *staccati* de una bailarina
y las locas fugas de una colegiala.

¡Amoroso pájaro que trinos exhala
bajo el ala a veces ocultando el pico;
que desdenes rudos lanza bajo el ala,
bajo el ala aleve del leve abanico!

Cuando a medianoche sus notas arranque
50   y en arpegios áureos gima Filomela,
y el ebúrneo cisne, sobre el quieto estanque,
como blanca góndola imprima su estela,

la marquesa alegre llegará al boscaje,
boscaje que cubre la amable glorieta
donde han de estrecharla los brazos de un paje
que siendo su paje será su poeta.

Al compás de un canto de artista de Italia
que en la brisa errante la orquesta deslíe,
junto a los rivales, la divina Eulalia,
60   la divina Eulalia ríe, ríe, ríe.

¿Fué acaso en el tiempo del rey Luis de Francia,
sol con corte de astros, en campos de azur?
¿Cuando los alcázares llenó de fragancia
la regia y pomposa rosa Pompadour?

¿Fué cuando la bella su falda cogía
con dedos de ninfa, bailando el minué,
y del los compases el ritmo seguía,
sobre el tacón rojo, lindo y leve el pie?

¿O cuando pastoras de floridos valles
70   ornaban con cintas sus albos corderos
y oían, divinas Tirsis de Versalles,
las declaraciones de sus cabelleros?

¿Fué en ese buen tiempo de duques pastores,
de amantes princesas y tiernos galanes,
cuando entre sonrisas y perlas y flores
iban las casacas de los chambelanes?

¿Fué acaso en el Norte o en el Mediodía?
Yo el tiempo y el día y el país ignoro;
pero sé que Eulalia ríe todavía,
80   ¡y es cruel y eterna su risa de oro!

(1893)

Divagación

¿Vienes? Me llega aquí, pues que suspiras,
un soplo de las mágicas fragancias
que hicieran los delirios de las liras
en las Grecias, las Romas y las Francias.

¡Suspira así! Revuelen las abejas;
al olor de la olímpica ambrosía,
en los perfumes que en el aire dejas;
y el dios de piedra se despierte y ría,

       y el dios de piedra se despierte y cante
10   la gloria de los tirsos florecientes
en el gesto ritual de la bacante
de rojos labios y nevados dientes;

en el gesto ritual que en las hermosas
Ninfalias guía a la divina hoguera,
hoguera que hace llamear las rosas
en las manchadas pieles de pantera.

Y pues amas reír, ríe, y la brisa
lleve el son de los líricos cristales
de tu reir, y haga temblar la risa
20   la barba de los Términos joviales.

Mira hacia el lado del boscaje, mira
blanquear el muslo de marfil de Diana,
y después de la Virgen, la Hetaíra
diosa, su blanca, rosa y rubia hermana.

Pasa en busca de Adonis; sus aromas
deleitan a las rosas y los nardos;
síguela una pareja de palomas
y hay tras ella una fuga de leopardos.

¿Te gusta amar en griego? Yo las fiestas
30   galantes busco, en donde se recuerde,
al suave son de rítmicas orquestas,
la tierra de la luz y el mirto verde.

(Los abates refieren aventuras
a las rubias marquesas. Soñolientos
filósofos defienden las ternuras
del amor, con sutiles argumentos,

mientras que surge de la verde grama,
en la mano el acanto de Corinto,
una ninfa a quien puso un epigrama
40   Beaumarchais, sobre el mármol de su plinto.

Amo más que la Grecia de los griegos
la Grecia de la Francia, porque en Francia,
al eco de las Risas y los Juegos,
su más dulce licor Venus escancia.

Demuestran más encantos y perfidias,
coronadas de flores y desnudas,
las diosas de Clodion que las de Fidias;
unas cantan francés; otras son mudas.

Verlaine es más que Sócrates; y Arsenio
50   Houssaye supera al viejo Anacreonte.
En París reinan el Amor y el Genio:
ha perdido su imperio el dios bifronte.

Monsieur Prudhomme y Homais no saben nada.
Hay Chipres, Pafos, Tempes y Amatuntes,
donde al amor de mi madrina, un hada,
tus frescos labios a los míos juntes.)
*
Sones de bandolín. El rojo vino
conduce un paje rojo. ¿Amas los sones

del bandolín y un amor florentino?
60 Serás la reina en los decamerones.

(Un coro de poetas y pintores
cuenta historias picantes. Con maligna
sonrisa alegre, aprueban los señores.
Celia enrojece. Una dueña se signa.)

¿O un amor alemán—que no han sentido
jamás los alemanes—? La celeste
Gretchen; claro de luna; el aria; el nido
del ruiseñor; y en una roca agreste,

la luz de nieve que del cielo llega
70 y baña a una hermosura que suspira
la queja vaga que a la noche entrega
Loreley en la lengua de la lira.

Y sobre el agua azul, el caballero
Lohengrín; y su cisne, cual si fuese
un cincelado témpano viajero,
con su cuello enarcado en forma de S.

Y del divino Enrique Heine un canto,
a la orilla del Rhin; y del divino
Wolfgang, la larga cabellera, el manto;
80 y de la uva teutona, el blanco vino.

O amor lleno de sol, amor de España,
amor lleno de púrpuras y oros;
amor que da el clavel, la flor extraña
regada con la sangre de los toros;

flor de gitanas, flor que amor recela,
amor de sangre y luz, pasiones locas;

flor que trasciende a clavo y a canela,
roja cual las heridas y las bocas.

*

¿Los amores exóticos acaso . . . . ?
90   Como rosa de Oriente me fascinas:
me deleitan la seda, el oro, el raso.
Gautier adoraba a las princesas chinas.

¡Oh bello amor de mil genuflexiones:
torres de kaolín, pies imposibles,
tazas de té, tortugas y dragones,
y verdes arrozales apacibles!

Ámame en chino, en el sonoro chino
de Li-Tai-Pe. Yo igualaré a los sabios
poetas que interpretan el destino;
100   madrigalizaré junto a tus labios.

Diré que eres más bella que la luna;
que el tesoro del cielo es menos rico
que el tesoro que vela la importuna
caricia de marfil de tu abanico.

*

Ámame japonesa, japonesa
antigua, que no sepa de naciones
occidentales: tal una princesa
con las pupilas llenas de visiones,

que aun ignorase en la sagrada Kioto,
110   en su labrado camarín de plata
ornado al par de crisantemo y loto,
la civilización de Yamagata.

O con amor hindú que alza sus llamas
en la visión suprema de los mitos

y hace temblar en misteriosas bramas
la iniciación de los sagrados ritos,

en tanto mueven tigres y panteras
sus hierros, y en los fuertes elefantes
sueñan con ideales bayaderas
120   los rajahs constelados de brillantes.

O negra, negra como la que canta
en su Jerusalén el rey hermoso,
negra que haga brotar bajo su planta
la rosa y la cicuta del reposo . . . .

Amor, en fin, que todo diga y cante,
amor que encante y deje sorprendida
a la serpiente de ojos de diamante
que está enroscada al árbol de la vida.

Ámame así, fatal, cosmopolita,
130   universal, inmensa, única, sola
y todas; misteriosa y erudita:
ámame mar y nube, espuma y ola.

Sé mi reina de Saba, mi tesoro;
descansa en mis palacios solitarios.
Duerme. Yo encenderé los incensarios.
Y junto a mi unicornio cuerno de oro,
tendrán rosas y miel tus dromedarios.

(Tigre Hotel, diciembre 1894)

Del campo

¡Pradera, feliz día! Del regio Buenos Aires
quedaron allá lejos el fuego y el hervor;
hoy en tu verde triunfo tendrán mis sueños vida,
respiraré tu aliento, me bañaré en tu sol.

¡Muy buenos días, huerto! Saludo la frescura
que brota de las ramas de tu durazno en flor;
formada de rosales, tu calle de Florida
mira pasar la Gloria, la Banca y el *Sport*.

Un pájaro poeta rumia en su buche versos;
10   chismoso y petulante, charlando va un gorrión;
las plantas trepadoras conversan de política;
las rosas y los lirios, del arte y del amor.

Rigiendo su cuadriga de mágicas libélulas,
de sueños millonario, pasa el travieso Puck;
y, espléndida *sportwoman*, en su celeste carro,
la emperatriz Titania seguida de Oberón.

De noche, cuando muestra su medio anillo de oro
bajo el azul tranquilo, la amada de Pierrot,
es una fiesta pálida la que en el huerto reina,
20   toca la lira el aire su do-re-mi-fa-sol.

Curiosas las violetas a su balcón se asoman.
Y una suspira: «¡Lástima que falte el ruiseñor!»
Los silfos acompasan la danza de las brisas
en un walpurgis vago de aroma y de visión.

De pronto se oye el eco del grito de la pampa;
brilla como una puesta del argentino sol;
y un espectral jinete, como una sombra cruza,
sobre su espalda un poncho, sobre su faz dolor.

—«¿Quién eres, solitario viajero de la noche?»
30   —«¡Yo soy la Poesía que un tiempo aquí reinó:
yo soy el postrer gaucho que parte para siempre,
de nuestra vieja patria llevando el corazón!»

(Prosas profanas)

Salutación del optimista

Ínclitas razas ubérrimas, sangre de Hispania fecunda,
espíritus fraternos, luminosas almas, ¡salve!
Porque llega el momento en que habrán de cantar nuevos
                                            [himnos
lenguas de gloria. Un vasto rumor llena los ámbitos;
                                            [mágicas
ondas de vida van renaciendo de pronto;
retrocede el olvido, retrocede engañada la muerte;
se anuncia un reino nuevo, feliz sibila sueña
y en la caja pandórica de que tantas desgracias surgieron
encontramos de súbito, talismánica, pura, riente,
10 cual pudiera decirla en su verso Virgilio divino,
la divina reina de luz, ¡la celeste Esperanza!

Pálidas indolencias, desconfianzas fatales que a tumba
o a perpetuo presidio, condenasteis al noble entusiasmo,
ya veréis el salir del sol en un triunfo de liras,
mientras dos continentes, abonados de huesos gloriosos,
del Hércules antiguo la gran sombra soberbia evocando,
digan al orbe: la alta virtud resucita,
que a la hispana progenie hizo dueña de siglos.

Abominad la boca que predice desgracias eternas,
20 abominad los ojos que ven sólo zodíacos funestos,
abominad las manos que apedrean las ruinas ilustres
o que la tea empuñan o la daga suicida.
Siéntense sordos ímpetus en las entrañas del mundo,
la inminencia de algo fatal hoy conmueve la tierra;
fuertes colosos caen, se desbandan bicéfalas águilas,
y algo se inicia como vasto social cataclismo
sobre la faz del orbe ¿Quién dirá que las savias dormidas
no despierten entonces en el tronco del roble gigante
bajo el cual se exprimió la ubre de la loba romana?

30   ¿Quién será el pusilánime que al vigor español niegue
[músculos
y que al alma española juzgase áptera y ciega y tullida?
No es Babilonia ni Nínive enterrada en olvido y en polvo,
ni entre momias y piedras reina que habita el sepulcro,
la nación generosa, coronada de orgullo inmarchito,
que hacia el lado del alba fija las miradas ansiosas,
ni la que, tras los mares en que yace sepulta la Atlántida,
tiene su coro de vástagos, altos, robustos y fuertes.

Únanse, brillen, secúndense, tantos vigores dispersos;
formen todos un solo haz de energía ecuménica.
40   Sangre de Hispania fecunda, sólidas, ínclitas razas,
muestren los dones pretéritos que fueron antaño su triunfo.
Vuelva el antiguo entusiasmo, vuelva el espíritu ardiente
que regará lenguas de fuego en esa epifanía.
Juntas las testas ancianas ceñidas de líricos lauros
y las cabezas jóvenes que la alta Minerva decora,
así los manes heroicos de los primitivos abuelos,
de los egregios padres que abrieron el surco pristino,
sientan los soplos agrarios de primaverales retornos
y el rumor de espigas que inició la labor triptolémica.

50   Un continente y otro renovando las viejas prosapias,
en espíritu unidos, en espíritu y ansias y lengua,
ven llegar el momento en que habrán de cantar nuevos
[himnos.
La latina estirpe verá la gran alba futura:
en un trueno de música gloriosa, millones de labios
saludarán la espléndida luz que vendrá del Oriente,
Oriente augusto, en donde todo lo cambia y renueva
la eternidad de Dios, la actividad infinita.
Y así sea Esperanza la visión permanente en nosotros,
¡ínclitas razas ubérrimas, sangre de Hispania fecunda!

Por el influjo de la primavera

Sobre el jarrón de cristal
hay flores nuevas. Anoche
hubo una lluvia de besos.
Despertó un fauno bicorne
tras un alma sensitiva.
Dieron su olor muchas flores.
En la pasional siringa
brotaron las siete voces
que en siete carrizos puso
10   Pan.

Antiguos ritos paganos
se renovaron. La estrella
de Venus brilló más límpida
y diamantina. Las fresas
del bosque dieron su sangre.
El nido estuvo de fiesta.
Un ensueño florentino
se enfloró de primavera,
de modo que en carne viva
20   renacieron ansias muertas.
Imaginaos un roble
que diera una rosa fresca;
un buen egipán latino
con una bacante griega
y parisiense. Una música
magnífica. Una suprema
inspiración primitiva,
llena de cosas modernas.
Un vasto orgullo viril
30   que aroma el *odor di fémina*;
un trono de roca en donde
descansa un lirio.

¡Divina Estación! ¡Divina
Estación! Sonríe el alba
más dulcemente. La cola
del pavo real exalta
su prestigio. El sol aumenta
su íntima influencia; y el arpa
de los nervios vibra sola.
40   ¡Oh, Primavera sagrada!
¡Oh, gozo del don sagrado
de la vida! ¡Oh bella palma
sobre nuestras frentes! ¡Cuello
del cisne! ¡Paloma blanca!
¡Rosa roja! ¡Palio azul!
¡Y todo por ti, oh alma!
Y por ti, cuerpo, y por ti,
idea, que los enlazas.
¡Y por Ti, lo que buscamos
50   y no encontraremos nunca,
jamás!

Tarde del trópico

Es la tarde gris y triste.
Viste el mar de terciopelo
y el cielo profundo viste
de duelo.

Del abismo se levanta
la queja amarga y sonora.
La onda, cuando el viento canta,
llora.

Los violines de la bruma
10   saludan al sol que muere.
Salmodia la blanca espuma:
¡Miserere!

La armonía el cielo inunda,
y la brisa va a llevar
la canción triste y profunda
del mar.

Del clarín del horizonte
brota sinfonía rara,
como si la voz del monte
20   vibrara.

Cual si fuese lo invisible . . . .
Cual si fuese el rudo son
que diese al viento un terrible
león.

Nocturno

Quiero expresar mi angustia en versos que abolida
dirán mi juventud de rosas y de ensueños,
y la desfloración amarga de mi vida
por un vasto dolor y cuidados pequeños.

Y el viaje a un vago Oriente por entrevistos barcos,
y el grano de oraciones que floreció en blasfemia,
y los azoramientos del cisne entre los charcos,
y el falso azul nocturno de inquerida bohemia.

Lejano clavicordio que en silencio y olvido
10   no diste nunca al sueño la sublime sonata,
huérfano esquife, árbol insigne, obscuro nido
que suavizó la noche de dulzura de plata . . . .

Esperanza olorosa a hierbas frescas, trino
del ruiseñor primaveral y matinal,

azucena tronchada por un fatal destino,
rebusca de la dicha, persecución del mal . . . .

El ánfora funesta del divino veneno
que ha de hacer por la vida la tortura interior,
la conciencia espantable de nuestro humano cieno
20   y el horror de sentirse pasajero, el horror

de ir a tientas, en intermitentes espantos,
hacia lo inevitable desconocido y la
pesadilla brutal de este dormir de llantos
de la cual no hay más que Ella que nos despertará!

Soneto autumnal
al Marqués de Bradomín

Marqués (como el Divino lo eres), te saludo.
Es el Otoño, y vengo de un Versalles doliente.
Había mucho frío y erraba vulgar gente.
El chorro de agua de Verlaine estaba mudo.

Me quedé pensativo ante un mármol desnudo,
cuando vi una paloma que pasó de repente,
y por caso de cerebración inconsciente
pensé en ti. Toda exégesis en este caso eludo.

Versalles otoñal; una paloma; un lindo
10   mármol; un vulgo errante, municipal y espeso;
anteriores lecturas de tus sutiles prosas;

la reciente impresión de tus triunfos . . . . Prescindo
de más detalles para explicarte por eso
cómo, autumnal, te envío este ramo de rosas.

Nocturno

A Mariano de Cavia

Los que auscultasteis el corazón de la noche,
los que por el insomnio tenaz habéis oído
el cerrar de una puerta, el resonar de un coche
lejano, un eco vago, un ligero rüido . . . .

En los instantes del silencio misterioso,
cuando surgen de su prisión los olvidados,
en la hora de los muertos, en la hora del reposo,
sabréis leer estos versos de amargor impregnados . . . .

Como en un vaso vierto en ellos mis dolores
de lejanos recuerdos y desgracias funestas,
y las tristes nostalgias de mi alma, ebria de flores,
y el duelo de mi corazón, triste de fiestas.

Y el pesar de no ser lo que yo hubiera sido,
la pérdida del reino que estaba para mí,
el pensar que un instante pude no haber nacido,
¡y el sueño que es mi vida desde que yo nací!

Todo esto viene en medio del silencio profundo
en que la noche envuelve la terrena ilusión,
y siento como un eco del corazón del mundo
que penetra y conmueve mi propio corazón.

Lo fatal

A René Pérez

Dichoso el árbol que es apenas sensitivo,
y más la piedra dura porque esa ya no siente,
pues no hay dolor más grande que el dolor de ser vivo,
ni mayor pesadumbre que la vida consciente.

Ser, y no saber nada, y ser sin rumbo cierto,
y el temor de haber sido y un futuro terror . . . .
Y el espanto seguro de estar mañana muerto,
y sufrir por la vida y por la sombra y por

lo que no conocemos y apenas sospechamos,
10   y la carne que tienta con sus frescos racimos
y la tumba que aguarda con sus fúnebres ramos,
¡y no saber adónde vamos,
ni de dónde venimos . . . !

(Cantos de vida y esperanza)

A Colón

¡Desgraciado Almirante! Tu pobre América,
tu india virgen y hermosa de sangre cálida,
la perla de tus sueños, es una histérica
de convulsivos nervios y frente pálida.

Un desastroso espíritu posee tu tierra;
donde la tribu unida blandió sus mazas,
hoy se enciende entre hermanos perpetua guerra
se hieren y destrozan las mismas razas.

Al ídolo de piedra reemplaza ahora
10   el ídolo de carne que se entroniza,
y cada día alumbra la blanca aurora
en los campos fraternos sangre y ceniza.

Desdeñando a los reyes, nos dimos leyes
al son de los cañones y los clarines,
y hoy al favor siniestro de negros Reyes
fraternizan los Judas con los Caínes.

Bebiendo la esparcida savia francesa
con nuestra boca indígena semi-española,

día a día cantamos la *Marsellesa*
20   para acabar danzando la *Carmañola*.

Las ambiciones pérfidas no tienen diques,
soñadas libertades yacen deshechas.
¡Eso no hicieron nunca nuestros Caciques,
a quienes las montañas daban las flechas!

Ellos eran soberbios, leales y francos,
ceñidas las cabezas de raras plumas;
¡ojalá hubieran sido los hombres blancos
como los Atahualpas y Moctezumas!

Cuando en vientres de América cayó semilla
30   de la raza de hierro que fué de España,
mezcló su fuerza heroica la gran Castilla
con la fuerza del indio de la montaña.

¡Pluguiera a Dios las aguas antes intactas
no reflejaran nunca las blancas velas;
ni vieran las estrellas estupefactas
arribar a la orilla tus carabelas!

Libres como las águilas, vieran los montes
pasar los aborígenes por los boscajes,
persiguiendo los pumas y los bisontes
40   con el dardo certero de sus carcajes.

Que más valiera el jefe rudo y bizarro
que el soldado que en fango sus glorias finca,
que ha hecho gemir al zipa bajo su carro
o temblar las heladas momias del Inca.

La cruz que nos llevaste padece mengua;
y tras encanalladas revoluciones,
la canalla escritora mancha la lengua
que escribieron Cervantes y Calderones.

Cristo va por las calles flaco y enclenque,
50   Barrabás tiene esclavos y charreteras,
y las tierras de Chibcha, Cuzco y Palenque
han visto engalonadas a las panteras.

Duelos, espantos, guerras, fiebre constante
en nuestra senda ha puesto la suerte triste:
¡Cristóforo Colombo, pobre Almirante,
ruega a Dios por el mundo que descubriste!

(1892)

Versos de otoño

Cuando mi pensamiento va hacia ti, se perfuma;
tu mirar es tan dulce, que se torna profundo.
Bajo tus pies desnudos aún hay blancor de espuma,
y en tus labios compendias la alegría del mundo.

El amor pasajero tiene el encanto breve,
y ofrece un igual término para el gozo y la pena.
Hace una hora que un nombre grabé sobre la nieve;
hace un minuto dije mi amor sobre la arena.

Las hojas amarillas caen en la alameda,
10   en donde vagan tantas parejas amorosas.
Y en la copa de Otoño un vago vino queda
en que han de deshojarse, Primavera, tus rosas.

Vésper

Quietud, quietud . . . . Ya la ciudad de oro
ha entrado en el misterio de la tarde.
La catedral es un gran relicario.
La bahía unifica sus cristales
en un azul de arcaicas mayúsculas
de los antifonarios y misales.

Las barcas pescadoras estilizan
el blancor de sus velas triangulares
y como un eco que dijera: «Ulises»
10   junta alientos de flores y de sales.

Epístola

A la señora de Leopoldo Lugones

*Madame Lugones, j'ai commencé ces vers
en écoutant la voix d'un carillon d'Anvers* . . . .
Así empecé, en francés, pensando en Rodenbach,
cuando hice hacia el Brasil una fuga . . . . ¡de Bach!

En Río de Janeiro iba yo a proseguir
poniendo en cada verso el oro y el zafir
y la esmeralda de esos pájaros-moscas
que melifican entre las áureas siestas foscas
que temen los que temen el cruel vómito negro.
10   Ya no existe allá fiebre amarilla. ¡Me alegro!
Et pour cause. Yo pan-americanicé
con un vago temor y con muy poca fe
en la tierra de los diamantes y la dicha
tropical. Me encantó ver la vera machicha,
mas encontré también un gran núcleo cordial
de almas llenas de amor, de ensueño, de ideal.
Y si había un calor atroz, también había
todas las consecuencias y ventajas del día,
en panorama igual al de los cuadros y hasta
20   igual al que pudiera imaginarse . . . . Basta.
Mi ditirambo brasileño es ditirambo
que aprobaría tu marido. *Arcades ambo.*

II

Mas al calor de ese Brasil maravilloso,
tan fecundo, tan grande, tan rico, tan hermoso,

a pesar de Tijuca y del cielo opulento,
a pesar de ese foco vivaz de pensamiento,
a pesar de Nabuco, embajador, y de
los delegados panamericanos que
hicieron lo posible por hacer cosas buenas,
30   saboreé lo ácido del saco de mis penas;
quiero decir que me enfermé. La neurastenia
en un don que me vino con mi obra primigenia.
¡Y he vivido tan mal, y tan bien, cómo y tanto!
¡Y tan buen comedor guardo bajo mi manto!
¡Y tan buen bebedor tengo bajo mi capa!
¡Y he gustado bocados de cardenal y papa . . . !
Y he exprimido la urbe cerebral tantas veces,
que estoy grave. Esto es mucho ruido y pocas nueces,
según dicen doctores de una sapiencia suma.
40   Mis dolencias se van en ilusión y espuma.
Me recetan que no haga nada ni piense nada,
que me retire al campo a ver la madrugada
con las alondras y con Garcilaso, y con
el *sport*. ¡Bravo! Sí. Bien. Muy bien. ¿Y *La Nación*?
¿Y mi trabajo diario y preciso y fatal?
¿No se sabe que soy cónsul como Stendhal?
Es preciso que el médico que eso recete dé
también libro de cheques para el Crédit Lyonnais,
y envíe un automóvil devorador del viento,
50   en el cual se pasee mi egregio aburrimiento,
harto de profilaxis, de ciencia y de verdad.

III

En fin, convaleciente, llegué a nuestra ciudad
de Buenos Aires, no sin haber escuchado
a míster Root a bordo del *Charleston* sagrado.
Mas mi convalecencia duró poco. ¿Qué digo?
Mi emoción, mi entusiasmo y mi recuerdo amigo,
y el banquete de *La Nación*, que fue estupendo,

y mis viejas siringas con su pánico estruendo,
y ese fervor porteño, ese perpetuo arder,
60   y el milagro de gracia que brota en la mujer
argentina, y mis ansias de gozar de esa tierra,
me pusieron de nuevo con mis nervios en guerra.

Y me volví a París. Me volví al enemigo
terrible, centro de las neurosis, ombligo
de la locura, foco de todo *surmenage*,
donde hago buenamente mi papel de *sauvage*
encerrado en mi celda de la rue Marivaux,
confiando sólo en mí y resguardando el yo.
¡Y si lo resguardara, señora, si no fuera
70   lo que llaman los parisienses una *pera*! . . .
A mi rincón me llegan a buscar las intrigas,
las pequeñas miserias, las traiciones amigas,
y las ingratitudes. Mi maldita visión
sentimental del mundo me aprieta el corazón,
y así cualquier tunante me explotará a su gusto.
Soy así. Se me puede burlar con calma. Es justo.
Por eso los astutos, los listos, dicen que
no conozco el valor del dinero. ¡Lo sé!
Que ando, nefelibata, por las nubes . . . . Entiendo.
80   Que no soy hombre práctico en la vida. . . . ¡Estupendo!
Sí, lo confieso, soy inútil. No trabajo
por arrancar a otro su pitanza; no bajo
a hacer la vida sórdida de ciertos previsores.
Yo no ahorro ni en seda, ni en champaña, ni en flores.
No combino sutiles pequeñeces, ni quiero
quitarle de la boca su pan al compañero.
Me complace en los cuellos blancos ver los diamantes.
Gusto de gentes de maneras elegantes
y de finas palabras y de nobles ideas.
90   Las gentes sin higiene ni urbanidad, de feas
trazas, avaros, torpes, o malignos y rudos,
mantienen, lo confieso, mis entusiasmos mudos.

Si el *sportman* es Petronio, con él mis gustos son:
porque si no, prefiero a Verlaine o a Villon.

No conozco el valor del oro . . . ¿Saben ésos
que tal dicen, lo amargo del jugo de mis sesos,
del sudor de mi alma, de mi sangre y mi tinta,
del pensamiento en obra y de la idea en cinta?
¿He nacido yo acaso hijo de millonario?
100   ¿He tenido yo Cirineo en mi Calvario?

IV

Tal continué en París lo empezado en Anvers.
Hoy, heme aquí en Mallorca, *la terra dels foners*,
como dice Mossén Cinto, el gran Catalán.
Y desde aquí, señora, mis versos a ti van,
olorosos a sal marina y azahares,
al suave aliento de las Islas Baleares.

Hay un mar tan azul como el Partenopeo.
Y el azul celestial, vasto como un deseo,
su techo cristalino bruñe con sol de oro.
110   Aquí todo es alegre, fino, sano y sonoro.
Barcas de pescadores sobre la mar tranquila
descubro desde la terraza de mi *villa*,
que se alza entre las flores de su jardín fragante
con un monte detrás y con la mar delante.

Veo el vuelo gracioso de las velas de lona,
y los barcos que vienen de Argel y Barcelona.
Tengo arbolitos verdes llenos de mandarinas;
tengo varios conejos y unas cuantas gallinas,
y conforme el poeta, tengo un Cristo y un máuser.
120   Así vive este hermano triste de Gaspar Hauser.

V

A veces me dirijo al mercado, que está
en la Plaza Mayor. (¡Qué Coppée, ¿no es verdá?)
Me rozo con un núcleo crespo de muchedumbre
que viene por la carne, la fruta y la legumbre.
Las mallorquinas usan una modesta falda,
pañuelo en la cabeza y la trenza a la espalda.
(Esto, las que yo he visto al pasar, por supuesto.
Y las que no la llevan, no se enojen por esto.)
He visto unas payesas con sus negros corpiños,
130 con cuerpos de odaliscas y con ojos de niños;
y un velo que les cae por la espalda y el cuello,
dejando al aire libre lo obscuro del cabello.
Sobre la falda clara, un delantal vistoso.
Y saludan con un *bon di tengui* gracioso,
entre los cestos llenos de patatas y coles,
pimientos de corales, tomates de arreboles;
sonrosadas cebollas, melones y sandías
que hablan de las Arabias y las Andalucías;
calabazas y nabos, para ofrecer asuntos
140 a Madame Noailles y Francis Jammes juntos.

A veces me detengo en la plaza de abastos
como si respirase soplos de vientos vastos,
como si se me entrase con el respiro el mundo.
Estoy ante la casa en que nació Raimundo
Lulio. Y en ese instante mi recuerdo me cuenta
las cosas que le dijo la Rosa a la Pimienta ....
¡Oh, cómo yo diría el sublime destierro
y la lucha y la gloria del Mallorquín de hierro!
¡Oh, cómo cantaría en un carmen sonoro
150 la vida, el alma, el numen, del Mallorquín de oro!
De los hondos espíritus, es de mis preferidos.
Sus robles filosóficos están llenos de nidos
de ruiseñor. Es otro y es hermano del Dante.

¡Cuántas veces pensara su verbo de diamante
delante la Sorbona vieja del París sabio!
¡Cuántas veces he visto su infolio y su astrolabio
en una bruma vaga de ensueño, y cuántas veces
le oí hablar a los árabes cual Antonio a los peces,
en un imaginar de pretéritas cosas
160 que por ser tan antiguas se sienten tan hermosas!

Excúsame, si quieres, oh Juana de Lugones,
estas filosofías llenas de digresiones;
mas mi pasión por Ramón Lull es pasión vieja,
perfumada de siglos, de verso y de conseja.
Núñez de Arce hizo un bello poema: Núñez de Arce
blancos pétales sueltos del azahar esparce;
mas Ramón Lull es el limosnero de Hesperia,
injerto en el gran roble del corazón de Iberia,
que necesita el Hércules fuerte que le sacuda
170 para sembrar de estrellas nuestra tierra desnuda.

VI

Hice una pausa.
                        El tiempo se ha puesto malo. El mar
a la furia del aire no cesa de bramar.
El temporal no deja que entren los vapores. Y
un *yacht* de lujo busca refugio en Porto-Pí.
Porto-Pí es una rada cercana y pintoresca.
Vista linda: aguas bellas, luz dulce y tierra fresca.

¡Ah, señora, si fuese posible a algunos el
dejar su Babilonia, su Tiro, su Babel,
para poder venir a hacer su vida entera
180 en esta luminosa y espléndida ribera!

Hay no lejos de aquí un archiduque austriaco
que las pomas de Ceres y las uvas de Baco
cultiva, en un retiro archiducal y egregio.

Hospeda como un monje—y el hospedaje es regio—.
Sobre las rocas se alza la mansión señorial
y la isla le brinda ambiente imperial.
Es un pariente de Jean Orth. Es un atrida
que aquí ha encontrado el cierto secreto de su vida.
Es un cuerdo. Aplaudamos al príncipe discreto
190   que aprovecha a la orilla del mar ese secreto.

La isla es florida y llena de encanto en todas partes.
Hay un aire propicio para todas las artes.
En Pollensa ha pintado Santiago Rusiñol
cosas de flor de luz y de seda de sol.
Y hay villa de retiro espiritual famosa:
la literata Sand escribió en Valldemosa
un libro. Ignoro si vino aquí con Musset,
y si la vampiresa sufrió o gozó, no sé.[1]

¿Por qué mi vida errante no me trajo a estas sanas
200   costas antes de que las prematuras canas
de alma y cabeza hicieran de mí la mezcolanza
formada de tristeza, de vida y esperanza?
¡Oh qué buen mallorquín me sentiría ahora!
¡Oh cómo gustaría sal de mar, miel de aurora,
al sentir como en un caracol en mi cráneo
el divino y eterno rumor mediterráneo!

Hay en mí un griego antiguo que aquí descansó un día
después que le dejaron loco de melodía
las sirenas rosadas que atrajeron su barca.
210   Cuanto mi ser respira, cuanto mi vista abarca,
es recordado por mis íntimos sentidos:
los aromas, las luces, los ecos, los ruidos,
como en ondas atávicas me traen añoranzas
que forman mis ensueños, mis vidas y esperanzas.

[1] He leído ya el libro que hizo Aurora Dupin.
  Fue Chopin el amante aquí. ¡Pobre Chopin!. . .

Mas ¿dónde está aquel templo de mármol, y la gruta
donde mordí aquel seno dulce como una fruta?
¿Dónde los hombres ágiles que las piedras redondas
recogían para los cueros de sus hondas?. . . .

Calma, calma. Esto es mucha poesía, señora.
220 Ahora hay comerciantes muy modernos. Ahora
mandan barcos prosaicos la dorada Valencia,
Marsella, Barcelona y Génova. La ciencia
comercial es hoy fuerte y lo acapara todo.

Entretanto, respiro mi salitre y mi iodo
brindados por las brisas de aqueste golfo inmenso,
y a un tiempo, como Kant y como el asno, pienso.
Es lo mejor.

VII

Y aquí mi epístola concluye.
Hay un ansia de tiempo que de mi pluma fluye
a veces, como hay veces de enorme economía.
230 «Si hay, he dicho, señora, alma clara, es la mía.»
Mírame transparentemente, con tu marido,
y guárdame lo que tú puedas del olvido.

(Anvers–Buenos Aires–París,
Palma de Mallorca, 1906)
(*El canto errante*)

RICARDO JAIMES FREYRE
(Bolivia; 1868-1933)

MODERNISMO in Bolivia was a weak and tardy growth, and Jaimes Freyre, by far the best and the best known of the Bolivian *modernistas*, left his country for Argentina already as a young man. He was in Buenos Aires in the nineties, when Darío was also there, and he founded with him an important but ephemeral review, the *Revista de América*, in 1894. He also became a close friend of Leopoldo Lugones, who wrote a long prologue for his first book *Castalia bárbara* (1899). Some of the poems in this book had appeared two years previously in another *modernista* periodical, *El cojo ilustrado* (Caracas), with a statement of the significance of their subject matter: the barbarous northern world of the Eddas and Scandinavian myth, a new contribution to the range of *modernista* exoticism. This exoticism stemmed of course from the Parnassians, like that of other *modernistas*; but Jaimes Freyre was preciser historically and profounder humanly than most Parnassians and *modernistas*: this is evident if "Aeternum vale" is compared, on the one hand, with any of the *Poèmes barbares* and, on the other, with a poem like Casal's "Kakemono". The *castalia bárbara*, the northern spring, was as rich a source of inspiration for Jaimes Freyre as the *castalia clásica* was for Darío.

Jaimes Freyre spent the latter part of his life as a member of the University of Tucumán in the north of Argentina. He put much of his energy into didactic works and an elaborate post-hoc treatise on metrics (*Leyes de la versificación castellana*) and published only one other book of verse, *Los sueños son vida*, in 1917.

Poesías completas, Ministerio de Educación y Bellas Artes, La Paz, 1957. See E. Carilla, *Ricardo Jaimes Freyre*, Ediciones Culturales Argentinas, Buenos Aires, 1962. Texts from: *Castalia bárbara. País de sueño—País de sombra*, Imprenta de Schürer—Stolle, Buenos Aires, 1899; *Los sueños son vida*, Buenos Aires, 1917.

Siempre

Peregrina paloma imaginaria
que enardeces los últimos amores;
alma de luz, de música y de flores,
peregrina paloma imaginaria.

Vuela sobre la roca solitaria
que baña el mar glacial de los dolores;
haya, a tu paso, un haz de resplandores
sobre la adusta roca solitaria.

Vuela sobre la roca solitaria,
peregrina paloma, ala de nieve
como divina hostia, ala tan leve

como un copo de nieve; ala divina,
copo de nieve, lirio, hostia, neblina,
peregrina paloma imaginaria . . . .

El canto del Mal

Canta Lok en la obscura región desolada,
y hay vapores de sangre en el canto de Lok.
El Pastor apacienta su enorme rebaño de hielo,
que obedece,—gigantes que tiemblan,—la voz del Pastor.
Canta Lok a los vientos helados que pasan,
y hay vapores de sangre en el canto de Lok.

Densa bruma se cierne. Las olas se rompen
en las rocas abruptas, con sordo fragor.
En su dorso sombrío se mece la barca salvaje
del guerrero de rojos cabellos, huraño y feroz.
Canta Lok a las olas rugientes que pasan,
y hay vapores de sangre en el canto de Lok.

Cuando el himno del hierro se eleva al espacio
y a sus ecos responde siniestro clamor,
y en el foso, sagrado y profundo, la víctima busca,
con sus rígidos brazos tendidos, la sombra del Dios,
canta Lok a la pálida Muerte que pasa
y hay vapores de sangre en el canto de Lok.

La espada

La rota, sangrienta espada del soldado,
cuando el Corcel luminoso con su roja crin la baña,
cubierta de polvo yace, como un ídolo humillado,
como un viejo Dios, hundido en la montaña.

El Walhalla

Vibra el himno rojo. Chocan los escudos y las lanzas
con largo fragor siniestro.
De las heridas sangrientas por la abierta boca brotan
ríos purpúreos.
      Hay besos y risas.
             Y un cráneo lleno
de hidromiel, en donde apagan
abrasados por la fiebre, su sed los guerreros muertos.

Aeternum vale

Un Dios misterioso y extraño visita la selva,
Es un Dios silencioso que tiene los brazos abiertos.
Cuando la hija de Thor espoleaba su negro caballo,
le vio erguirse, de pronto, a la sombra de un añoso fresno.
      Y sintió que se helaba su sangre
ante el Dios silencioso que tiene los brazos abiertos.

De la fuente de Imer, en los bordes sagrados, más tarde,
la Noche a los Dioses absortos reveló el secreto:
el Aguila negra y los Cuervos de Odin escuchaban.
10   Y los Cisnes que esperan la hora del canto postrero;
y a los Dioses mordía el espanto
de ese Dios silencioso que tiene los brazos abiertos.

En la selva agitada se oían extrañas salmodias:
mecía la encina y el sauce quejumbroso viento:
el bisonte y el alce rompían las ramas espesas,
y a través de las ramas espesas huían mugiendo.
En la lengua sagrada de Orga
despertaban del canto divino los divinos versos.

Thor, el rudo, terrible guerrero que blande la maza,
20   —en sus manos es arma la negra montaña de hierro,—
va a aplastar, en la selva, a la sombra del árbol sagrado,
a ese Dios silencioso que tiene los brazos abiertos.
Y los Dioses contemplan la maza rugiente,
que gira en los aires y nubla la lumbre del cielo.

. . . .

Ya en la selva sagrada no se oyen las viejas salmodias,
ni la voz amorosa de Freya cantando a lo lejos,
agonizan los Dioses que pueblan la selva sagrada,
y en la lengua de Orga se extinguen los divinos versos.

Solo, erguido a la sombra de un árbol,
30   hay un Dios silencioso que tiene los brazos abiertos.

Lustral

Llamé una vez a la visión
              y vino.
Y era pálida y triste, y sus pupilas
ardían, como hogueras de martirios.

Y era su boca como una ave negra
de negras alas.
En sus largos rizos
había espinas. En su frente arrugas.
Tiritaba.
Y me dijo:
— ¿Me amas aún?
Sobre sus negros labios
posé los labios míos;
10 en sus ojos de fuego hundí mis ojos,
y acaricié la zarza de sus rizos.
Y uní mi pecho al suyo, y en su frente
apoyé mi cabeza.
Y sentí el frío
que me llegaba al corazón. Y el fuego
en los ojos.
Entonces
se emblanqueció mi vida como un lirio.

Las voces tristes

Por las blancas estepas
se desliza el trinco;
los lejanos aullidos de los lobos
se unen al jadeante resoplar de los perros

Nieva.
Parece que el espacio se envolviera en un velo,
tachonado de lirios
por las alas del cierzo.

El infinito blanco . . . .
10 Sobre el vasto desierto
flota una vaga sensación de angustia,
de supremo abandono, de profundo y sombrío desaliento.

Un pino solitario
dibújase a lo lejos,
en un fondo de brumas y de nieve,
como un largo esqueleto.

Entre los dos sudarios
de la tierra y el cielo,
avanza en el Naciente
20   el helado crepúsculo de invierno . . . .

(*Castalia bárbara*)

Lo fugaz

La rosa temblorosa
se desprendió del tallo,
y la arrastró la brisa
sobre las aguas turbias del pantano.

Una onda fugutiva
le abrió su seno amargo,
y estrechando a la rosa temblorosa
la deshizo en sus brazos.

Flotaron sobre el agua
10   las hojas como miembros mutilados,
y confundidas con el lodo negro,
negras, aun más que el lodo, se tornaron.

Pero en las noches puras y serenas
se sentía vagar en el espacio
un leve olor de rosa
sobre las aguas turbias del pantano.

(*Los sueños son vida*)

AMADO NERVO

(Mexico; 1870–1919)

AMADO NERVO came to Mexico City as a provincial journalist at the highpoint of Mexican *modernismo* and was active as a member of the groups which founded the *Revista Azul* and the *Revista Moderna*. His first two books, *Místicas* and *Perlas negras*, both published in Mexico in 1898, show, however, little trace of *modernista* influence. Despite its alluring title, *Perlas negras* was, as Nervo himself admitted, an imperfect (though "sincere") work of adolescence in which diction and syntax (prosaic dialogue and exclamation, heavy parallel structures) were of a sort the *modernistas* had set out to banish. *Místicas*, in part the fallen fruit of his adolescent desire to be a priest, anticipates the religious moralizing mood of his last books, which earned him great popularity but little favour with discriminating reviewers (*Elevación*, 1917; *El arquero divino*, 1919).

In 1900 he went to Paris as a newspaper correspondent and knew Darío, Enrique Gómez Carrillo, Guillermo Valencia and other *modernistas* there. His experience of France and other European countries is recorded in two further and better books, *Poemas* and *El éxodo*. His life in Paris gave him a faith in wit and an ease of self-expression (otherwise displayed in his correspondence at this period) which were a fortunate antidote to the provincial lack of taste that mars other parts of his work which are forgotten today.

Prosas—poesías (vol. 2 of *Obras completas*), edición, estudios y notas de A. Méndez Plancarte, Aguilar, Madrid, 1962. Texts from: *Poemas*, Bouret, Paris, 1901: *El éxodo y las Flores del Camino*, Impresora de Estampillas, Mexico, 1902; *En voz baja...*, Ollendorf, Paris, 1909.

Edelweiss

Sería en los yermos de la blanca Siberia, o del Spitzberg solitario en la inviolada paz. Sobre los témpanos azulados, reverberantes a la luz cobriza de un segmento de sol, levantaría su blanca mole un castillo.

Un castillo de nieve
con almenas de nieve,
rey feudal torvo y frío.
(*En el confín, la aurora boreal difundiría sus nácares.*)

10   *Tú, la castellana, la virgen condesa, adormecida en sueños blancos, ignorada y feliz, inmarcesible flor de las nieves, el prestigioso cáliz abrirías. ¡Qué perfume tan casto en el silencio hiperbóreo desprendieras!*

Un perfume süave
—las estrellas son lirios—:
un perfume de estrellas.
(*En el azul, la aurora boreal desataría sus rosas.*)

Labrara mi numen su mejor estrofa: la estrofa virgen, la estrofa eterna, el verbo no encarnado todavía y que flota en el caos de la idea, como Dios sobre el abismo.

20   ¡Qué singular morada!
¡Qué ideal moradora!
¡Qué penetrante ritmo!
(*En el cenit, la aurora boreal dardearía sus llamas.*)

Madrigal aliterado

Tu blancura es reina,
tu blancura reina,
¡oh nacarada, oh alba como el alba que su oro despeina!

Tu piel, ¡oh mi Blanca!,
como el ala blanca
del níveo albatros que adora las espumas, luce franca.

¡Oh, Blanca de Nieve,
haz que en mi alma nieve
el cándido fulgor de tu imagen casta y leve!

10   ¡Solitaria estrella,
mis noches estrella
con esa pensativa luz ideal tan bella!

¡Margarita de oro,
altar en que oro:
la sutil rima brote como brote otoñal,

y a tu alma se prenda,
y en amor la prenda,
y sea la prenda
de vida inmortal!

El viejo sátiro

En el tronco de sepia de una encina
que lujuriosa lloración reviste,
un sátiro senil, débil y triste,
con gesto fatigado se reclina.

Ya murió para él la venusina
estación, Afrodita no le asiste
ni le quieren las ninfas . . . ; ya no existe
el placer, y la atrofia se avecina.

Sin estímulos ya, sin ilusiones,
10   apoya entre los dedos los pitones,
encoge las pezuñas, con marasmo,

entrecierra los ojos verde umbrío,
y pasa por su rostro de cabrío
el tedio de una vida sin espasmo.

El violoncello

El violoncello sufre más que el violín; la viola
lo sabe y no lo dice cuando se lo pregunto:
se lo veda la divagación del contrapunto
que su motivo a sabia complejidad inmola.

El violoncello dijo su *leitmotiv*, y sola
predominó en la orquesta su angustia; mas al punto
los cobres la envolvieron en escándalo, y junto
a sus discretas quejas abrieron la corola.

El violoncello sufre más que el pausado trío
10   cordal que glosa su alma (¿verdad, Rubén Darío?)
y será salvo a causa de sus penas divinas;

mas seguirá llorando su aspiración ignota,
mientras que en el pentágrama de Dios no haya una nota
que por él morir quiera coronada de espinas.

(Poemas)

Londres

Desde el vitral de mi balcón distingo,
al fulgor del crepúsculo, la ignota
marejada de calles, en que flota
la bíblica modorra del domingo.

La bruma lenta y silenciosa, empieza,
fantasmagorizando los perfiles
a envolver la metrópoli en sutiles
velos trémulos.—Yo tengo tristeza:

10   la bíblica tristeza de este día,
la tristeza de inútil romería
que remata en inviernos agresoreu;

el tedio de lloviznas pertinaces,
y tu *spleen*, niebla límbica, que haces
manchas grises de todos los colores.

                         (*El éxodo y las Flores del Camino*)

Deprecación a la nube

Lleva en su cuello el cisne la inicial de *Sueño*,
y es como un misterioso sueño blanco que pasa;
¡pero es más misteriosa la nube, que se abrasa
en el poniente grave y en el orto risueño!

¡Nube, del invisible viento visible estela,
que eres cisne a la aurora, cuervo en la noche vana:
nube, de la veleta celeste prima hermana;
nube que eres océano y onda y espuma y vela!

¡Nube, sé mi madrina! Baja piadosa, y viste
10   de transfiguraciones todo lo que en mí dude,
todo lo que de obscuro en mi cerebro existe.
¡Sea yo luminoso por lo que he sido triste,
aunque después, la racha que sopla me desnude!

                         (*En voz baja...*)

GUILLERMO VALENCIA

(Colombia; 1873–1943)

VALENCIA came from his native Popayán to take up a political post in the capital of Colombia at the time of Silva's death, and he quickly established a reputation there as an orator and a poet. His only reported social encounter with Silva was disappointingly superficial. But spiritually Valencia was a great admirer of his predecessor, as he makes clear in the poem "Leyendo a Silva". This composition, published in his one collection of original verse, *Ritos*, also points out the differences between the two poets, which are easier to describe than to evaluate. Where Silva is uneven and impetuous, Valencia is poised and withdrawn. Valencia's education in a seminary in Popayán (where he learnt Hebrew as well as the Classics), his reading in modern literature, notably German, while in Bogotá, and his experience of Europe in 1898, gave him a rare range of knowledge and capacity to penetrate foreign languages and cultures. There is direct evidence of this in the excellent translations in *Catay* (1929). But the erudition which opens up a fascinating historical perspective in, say, his sonnet on Hans Holbein's portrait of Erasmus more often than not stays unquickened and monotonous in longer poems like "En el circo" and "San Antonio y el Centauro".

Obras poéticas completas, prólogo de B. Sanín Cano, Aguilar, Madrid, 1955 (3rd ed.). Texts from *Ritos*, Wertheimer, Lea y Cía, London, 1914 (I have been unable to see a copy of the original shorter edition of 1898).

Leyendo a Silva

Vestía traje suelto, de recamado viso,
en voluptuosos pliegues de un color indeciso,

110

y en el diván tendida, de rojo terciopelo,
sus manos, como vivas parásitas de hielo,

sostenían un libro de corte fino y largo,
un libro de poemas delicioso y amargo.

De aquellos dedos pálidos la tibia yema blanda
rozaba tenuemente con el papel de Holanda

por cuyas blancas hojas vagaron los pinceles
10   de los más refinados discípulos de Apeles:

era un lindo manojo que en sus claros lucía
los sueños más audaces de la Crisografía:

sus cuerpos de serpiente dilatan las mayúsculas
que desde el ancho margen acechan las minúsculas,

o trazan por los bordes caminos plateados
los lentos caracoles, babosos y cansados.

Para el poema heroico se veía allí la espada
con un león por puño y contera labrada,

donde evocó las formas del ciclo legendario
20   con sus torres y grifos un pincel lapidario.

Allí la dama gótica de rectilínea cara
partida por las rejas de la viñeta rara;

allí las hadas tristes de la pasión excelsa:
la férvida Eloísa, la suspirada Elsa.

Allí los metros raros de musicales timbres:
ya móviles y largos como jugosos mimbres,

ya diáfanos, que visten la idea levemente
como las albas guijas un río transparente.

Allí la Vida llora y la Muerte sonríe
30   y el Tedio, como un ácido, corazones deslíe . . . .

Allí, cual casto grupo de núbiles Citeres,
cruzaban en silencio figuras de mujeres

que vivieron sus vidas, invioladas y solas
como la espuma virgen que circunda las olas:

la rusa de ojos cálidos y de bruno cabello
pasó con sus pinceles de marta y de camello;

la que robó al piano en las veladas frías
parejas voladoras de blancas armonías

que fueron por los vientos perdiéndose una a una
40   mientras, envuelta en sombras, se atristaba la luna . . . .

Aquésa, el pie desnudo, gira como una sombra
que sin hacer ruïdo pisara por la alfombra

de un templo . . . y como el ave que ciega el astro diurno
con miradas nictálopes ilumina el *Nocturno*

do al fatigado beso de las vibrantes clines
un aire triste y vago preludian dos violines . . . .

. . . .

La luna, como un nimbo de Dios, desde el Oriente
dibuja sobre el llano la forma evanescente

de un lánguido mancebo que el tardo paso guía
50   como buscando un alma, por la pampa vacía.

Busca a su hermana; un día la negra Segadora
—sobre la mies que el beso primaveral enflora—

abatiendo sus alas, sus alas de murciélago,
hirió a la virgen pálida sobre el dorado piélago,

que cayó como un trigo . . . . Amiguitas llorosas
la vistieron de lirios, la ciñeron de rosas;

cérifo de las tumbas, un bardo israelita
le cantó cantos tristes de la raza maldita

a ella, que en su lecho de gasas y de blondas,
60   se asemeja a Ofelia mecida por las ondas:

por ella va buscando su hermano entre las brumas,
de unas alitas rotas las desprendidas plumas,

y por ella . . . . «Pasemos esta doliente hoja
que mi ser atormenta, que mi sueño acongoja»,

dijo entre sí la dama del recamado viso
en voluptuoso pliegues de color indeciso,

y prosiguió del libro las hojas volteando,
que ensalza en áureas rimas de són *calino* y blando

los perfumes de Oriente, los vívidos rubíes
70   y los joyeros mórbidos de sedas carmesíes.

Leyó versos que guardan como gastados ecos
de voces muertas: cantos a ramilletes secos

que hacen crujir, al tacto, cálices inodoros;
metros que reproducen los gemebundos coros

de las locas campanas que en *El Día de Difuntos*
despiertan con sus voces los muertos cejijuntos,

lanzados en racimos entre las sepulturas
a beberse la sombra de sus noches oscuras . . . .

.   .   .   .

. . .Y en el diván tendida, de rojo terciopelo,
80   sus manos, como vivas parásitas de hielo,

doblaron lentamente la página postrera
que, en gris, mostraba un cuervo sobre un calavera.

Y se quedó pensando, pensando en la amargura
que acendran muchas almas; pensando en la figura

del bardo, que en la calma de una noche sombría:
puso fin al poema de su melancolía;

exangüe como un mármol de la dorada Atenas,
herido como un púgil de itálicas arenas,

¡unió la faz de un Numen dulcemente atediado
90   a la ideal belleza del estigmatizado! . . .

Ambicionar las túnicas que modelaba Grecia,
y los desnudos senos de la gentil Lutecia;

pedir en copas de ónix el ático nepentes;
querer ceñir en lauros las pensativas frentes;

ansiar para los triunfos el hacha de un Arminio;
buscar para los goces el oro del triclinio;

amando los detalles, odiar el Universo;
sacrificar un mundo para pulir un verso;

querer remos de águila y garras de leones
100   con que domar los vientos y herir los corazones;

para gustar lo exótico, que el ánimo idolatra
esconder entre flores el áspid de Cleopatra;

seguir los ideales en pos de Don Quijote,
que en el Azul divaga de su rocín al trote;

esperar en la noche las trémulas escalas
que arrebaten ligeras a las etéreas salas;

oír los mudos ecos que pueblan los santuarios,
amar las hostias blancas; amar los incensarios

(poetas que diluyen en el espacio inmenso
110   sus ritmos perfumados de vagaroso incienso);

sentir en el espíritu brisas primaverales
ante los viejos monjes y los rojos misales;

tener la frente en llamas y los pies entre lodo;
querer sentirlo, verlo y adivinarlo todo:

eso fuiste, ¡oh poeta! Los labios de tu herida
blasfeman de los hombres, blasfeman de la vida,

modulan el gemido de las desesperanzas,
¡oh místico sediento que en el raudal te lanzas!

.   .   .   .

¡Oh Señor Jesucristo! Por tu herida del pecho,
120   ¡perdónalo, perdónalo! ¡desciende hasta su lecho

de piedra a despertarlo! Con tus manos divinas
enjuga de su sangre las ondas purpurinas . . . .

Pensó mucho: sus páginas suelen robar la calma;
sintió mucho: sus versos saben partir el alma.

¡Amó mucho! Circulan ráfagas de misterio
entre los negros pinos del blanco cementerio. . . .

. . . .

No manchará su lápida epitafio doliente;
tallad un verso en ella, pagano y decadente,

digno del fresco Adonis en muerte de Afrodita:
130   un verso como el hálito de una rosa marchita,

que llore su caída, que cante su belleza,
que cifre sus ensueños, ¡que diga su tristeza!

. . . .

¡Amor!, dice la dama del recamado viso
en voluptuosos pliegues de color indeciso;

¡Dolor! dijo el poeta: los labios de su herida
blasfeman de los hombres, blasfeman de la vida;

modulan el gemido de la desesperanza;
fué el místico sediento que en el raudal se lanza;

su muerte fue la muerte de una lánguida anémona,
140   se evaporó su vida como la de Desdémona;

ebrio del vino amargo con que el dolor embriaga
y a los fulgores trémulos de un cirio que se apaga . . . .

¡Así rindió su aliento, bajo un sitial de seda,
el último nacido del viejo Cisne y Leda! . . .

Los camellos

Lo triste es así...

(PETER ALTENBERG)

Dos lánguidos camellos, de elásticas cervices,
de verdes ojos claros y piel sedosa y rubia,
los cuellos recogidos, hinchadas las narices,
a grandes pasos miden un arenal de Nubia.

Alzaron la cabeza para orientarse, y luego
el soñoliento avance de sus vellosas piernas
—bajo el rojizo dombo de aquel cenit de fuego—
pararon silenciosos al pie de las cisternas....

Un lustro apenas cargan bajo el azul magnífico,
10   y ya sus ojos quema la fiebre del tormento:
tal vez leyeron, sabios, borroso jeroglífico
perdido entre las ruinas de infausto monumento.

Vagando taciturnos por la dormida alfombra,
cuando cierra los ojos el moribundo día,
bajo la virgen negra que los llevó en la sombra
copiaron el desfile de la Melancolía....

Son hijos del Desierto: prestóles la palmera
un largo cuello móvil que sus vaivenes finge,
y en sus marchitos rostros que esculpe la Quimera
20   ¡sopló cansancio eterno la boca del Esfinge!

Dijeron las Pirámides que el viejo sol rescalda:
«Amamos la fatiga con inquietud secreta....»,
y vieron desde entonces correr sobre una espalda
tallada en carne, viva, su triangular silueta.

Los átomos de oro que el torbellino esparce
quisieron en sus giros ser grácil vestidura,
y unidos en collares por invisible engarce,
vistieron del giboso la escuálida figura.

Todo el fastidio, toda la fiebre, toda el hambre,
30   la sed sin agua, el yermo sin hembras, los despojos
de caravanas . . . huesos en blanquecino enjambre . . .
todo en el cerco bulle de sus dolientes ojos.

Ni las sutiles mirras, ni las leonadas pieles,
ni les volubles palmas que riegan sombra amiga,
ni el ruido sonoroso de claros cascabeles,
alegran las miradas al rey de la fatiga:

¡Bebed dolor en ellas, flautistas de Bizancio
que amáis pulir el dáctilo al son de las cadenas,
sólo esos ojos pueden deciros el cansancio
40   de un mundo que agoniza sin sangre entre las venas!

¡Oh artistas! ¡Oh camellos de la Llanura vasta
que vais llenando a cuestas el sacro Monolito!
¡Tristes de Esfinge, novios de la Palmera casta!
¡Sólo calmáis vosotros la sed de lo infinito!

¿Qué pueden los ceñudos? ¿Qué logran las melenas
de las zarpadas tribus cuando la sed oprime?
Sólo el poeta es lago sobre este mar de arenas,
sólo su arteria rota la Humanidad redime.

Se pierde ya a lo lejos la errante caravana
50   dejándome—camello que cabalgó el Excidio . . .—
¡cómo buscar sus huellas al sol de la mañana,
entre las ondas grises de lóbrego fastidio!

¡No! Buscaré dos ojos que he visto, fuente pura
hoy a mi labio exhausta, y aguardaré paciente
hasta que suelta en hilos de mística dulzura
refresque las entrañas del lírico doliente;

60 y si a mi lado cruza la sorda muchedumbre,
mientras el vago fondo de esas pupilas miro,
dirá que vió un camello con honda pesadumbre,
mirando silencioso dos fuentes de zafiro . . . .

Turris ebúrnea

¡Ábreme, Torre de marfil, tus puertas!
El mal y el bien, los hombres y la Vida
a ti no alcanzan, ni el amor que olvida
roba tu paz con esperanzas muertas.

Al crítico Satán, las aras yertas
y el mustio libro tu dosel no anida;
ni a la tribu de lengua dolorida
asilaron tus bóvedas desiertas.

Vive a tu amparo la Belleza: muda,
10 impasible, glacial; última diosa
que ornó de mirto el amoroso griego;

yo—como el ave que Minerva escuda—
quiero en la lumbre de su faz radiosa
¡apacentar mis círculos de fuego!

Cigüeñas blancas

Ciconia pietatis cultrix ....
(PETRONIO)

De cigüeñas la tímida bandada
recogiendo las alas blandamente
paró sobre la torre abandonada
a la luz del crepúsculo muriente;

hora en que el Mago de feliz paleta
vierte bajo la cúpula radiante

pálidos tintes de fugaz violeta
que riza con su soplo el aura errante.

10 Esas aves me inquietan: en el alma
reconstruyen mis rotas alegrías;
evocan en mi espíritu la calma,
la augusta calma de mejores días.

Afrenta la negrura de sus ojos
al abenuz de tonos encendidos,
y van los picos de matices rojos
a sus gargantas de alabastro unidos.

Vago signo de mística tristeza
es el perfil de su sedoso flanco
que evoca, cuando al sol se despereza,
20 las lentas agonías de lo Blanco.

Con la veste de mágica blancura,
con el talle de lánguido diseño,
semeja en el espacio su figura
el pálido estandarte del Ensueño.

Y si, huyendo la garra que la acecha,
el ala encoge, la cabeza extiende,
parece un arco de rojiza flecha
que oculta mano en el espacio tiende.

A los fulgores de sidérea lumbre,
30 en el vaivén de su cansado vuelo,
fingen, bajo la cóncava techumbre
bacantes del azul *ebrias de cielo* . . . .

*

Esas aves me inquietan: en el alma
reconstruyen mis rotas alegrías;

evocan en mi espíritu la calma,
la augusta calma de mejores días.

Y restauro del mundo los abriles
que ya no volverán, horas risueñas
en que ligó sus ansias juveniles
40   al lento crotorar de las cigüeñas.

Ora dejando las heladas brumas,
a Grecia piden su dorado asilo;
ora baten el ampo de sus plumas
en las fangosas márgenes del Nilo.

Ya en el Lacio los cármenes de Oriente
olvidan con sus lagos y palmares
para velar en éxtasis ardiente
al Dios de la piedad en sus altares.

Y junto al numen que el romano adora
50   abre las alas de inviolada nieve;
en muda admiración, hora tras hora,
ni canta, ni respira, ni se mueve.

Y en reposo silente sobre el ara,
con su pico de púrpura encendida
tenue lámpara finge de Carrara,
sobre vivos colores sostenida.

¡Ostro en el pico y en tu pie desnudo
ostro también! ¿Corriste desalada
allá do al filo de puñal agudo
60   huye la sangre en trémula cascada?...

Llevas la vestidura sin mancilla,
—prez en el Circo—de doncella santa,

cuando cortó la bárbara cuchilla
la red azul de su gentil garganta.

*

Todo tiene sus aves: la floresta,
de mirlos guarda deliciosos dúos;
el torreón de carcomida testa
oye la carcajada de los buhos:

la Gloria tiene al águila bravía;
70   albo coro de cisnes los Amores;
tienen los montes que la nieve enfría
la estirpe colosal de los condores;

y de lo Viejo en el borroso escudo
—reliquia de volcado poderío—
su cuello erige en el espacio mudo
ella, ¡la novia lánguida del Frío!

La cigüeña es el alma del Pasado,
es la Piedad, es el Amor ya ido;
mas su velo también está manchado
80   y el numen del candor, envejecido.

¡Perlas, cubrid el ceñidor oscuro
que ennegrece la pompa de sus galas!
¡Detén, Olvido, el oleaje impuro
que ha manchado la albura de sus alas!

*

Turban sus vuelos la voluble calma
del arenal—un cielo incandescente—
y en el dorado límite, la palma
que tuesta el rojo luminar: ¡Oriente!

Tú que adorabas la cigüeña blanca,
90   ¿supiste su virtud? Entristecida
cuando una mano pérfida le arranca
su vagarosa libertad, no anida.

Sacra vestal de cultos inmortales,
con la nostalgia de su altar caído,
se acoge a las vetustas catedrales
y entre sus grietas cañaraña el nido;

abandona las húmedas florestas
para buscar las brisas del verano,
y remonta veloz llevando a cuestas
100   el dulce peso de su padre anciano.

Es la amiga discreta de Cupido,
que del astro nocturno a los fulgores,
oye del rapazuelo entretenido
historias de sus íntimos amores:

con la morena de ceñida boca,
altos senos, febril y apasionada,
de exangües manos y mirar de loca
que enerva como flor emponzoñada;

o con la niña de pupilas hondas,
110   —luz hecha carne, ¡floración de cielo!....—
que al viento esparce las guedejas blondas
y es la carnal animación del hielo;

con la rubia de cutis perla y grana,
semítica nariz y azul ojera,
que parece, al través de su ventana,
casta virgen de gótica vidriera. . . .

*

Esas aves me inquietan: en el alma
reconstruyen mis rotas alegrías;

evocan en mi espíritu la calma,
120   la augusta calma de mejores días.

Símbolo fiel de artísticas locuras,
arrastrarán mi sueño eternamente
con sus remos que azotan las alturas,
con sus ojos que buscan el Oriente.

Ellas, como la tribu desolada
que boga hacia el país de la Quimera,
atraviesan en mística bandada
en busca de amorosa Primavera;

y no ven, cual los pálidos cantores
130   —más allá de los agrios arenales—,
gélidos musgos en lugar de flores
y en vez de Abril, las noches invernales.

Encanecida raza de proscritos,
la sien quemada por divino sello:
náufragos que perecen dando gritos
entre faros de fúlgido destello.

. . . .

Si pudiesen, asidos de tu manto,
ir, en las torres a labrar el nido;
si curase la llaga de su canto
140   el pensamiento de futuro olvido;

¡ah! si supiesen que el soñado verso,
el verso de oro que les dé la palma
y conquiste, vibrando, el universo,
¡oculto muere sin salir del alma!

Cantar, soñar, . . . conmovedor delirio,
deleite para el vulgo; amargas penas

a que nadie responde; atroz martirio
de Petronio cortándose las venas. . .

¡Oh Poetas! Enfermos escultores
150   que hacen la forma con esmero pulcro,
       ¡y consumen los prístinos albores
       cincelando su lóbrego sepulcro!

Aves que arrebatáis mi pensamiento
al limbo de las formas; divo soplo
traiga desde vosotras manso viento
a consagrar los filos de mi escoplo:

amo los vates de felina zarpa
que acendran en sus filos amargura,
y lívido corcel, mueven el arpa,
160   a la histérica voz de su locura.

Dadme el verso pulido en alabastro,
que, rígido y exangüe, como el ciego
mire sin ojos para ver: un astro
de blanda luz cual cinerario fuego.

¡Busco las rimas en dorada lluvia;
chispa, fuentes, cascada, lagos, ola!
¡Quiero el soneto cual león de Nubia:
de ancha cabeza y resonante cola!

*

Como el oso nostálgico y ceñudo,
170   de ojos dolientes y velludas garras,
       que mira sin cesar el techo mudo
       entre la cárcel de redondas barras,

esperando que salte la techumbre
y luz del cielo su pestaña toque;

con el delirio de subir la cumbre
o de flotar en el nevado bloque:

del fondo de mi lóbrega morada,
coronado de eneldo soporoso,
turbia la vista, en el azul clavada,
180   alimento mis sueños, como el oso;

y digo al veros de mi reja inmota
pájaros pensativos de albas penas:
¿quién pudiera volar a donde brota
la savia de tus mármoles, Atenas!

De cigüeñas la tímida bandada,
desplegando las alas blandamente,
voló desde la torre abandonada
a la luz del crepúsculo naciente,

y saludó con triste algarabía
190   el perezoso despertar del día;
y al esfumarse en el confín del cielo,
palideció la bóveda sombría
con la blanca fatiga de su vuelo . . . .

LEOPOLDO LUGONES

(Argentina; 1874-1938)

LUGONES is the most important Argentinian *modernista* and one of the most accomplished of all the *modernistas*. His poetic and political career was very varied. As a young man he rebelled violently against the patriarchal traditions of his family and the conservative ecclesiastical atmosphere of his native Córdoba, to the extent that when he arrived in Buenos Aires in 1896 he was greeted by Rubén Darío as a "poeta socialista". He joined the Socialist Party the same year and most of the poems in his first book, *Las montañas del oro*, have strong political overtones. Later he got to know the work of Nietzsche and traded solidarity for resigned individuality, and the tone of his next books, *Los crepúsculos del jardín* and *Lunario sentimental*, is correspondingly quieter and subtler. In his *Odas seculares* he assumed the mantle of national bard for the centenary of Mayo celebrations in 1910, and at his best there became a splendid member of the Virgilian bucolic tradition which Bello adapted to American soil.

Unlike the other *modernistas* in this selection, Lugones continued to write copiously during and after the First World War and kept abreast of literary developments in Europe, which he visited several times; in 1924 he received the Argentinian national prize for literature. Towards the end of his life he became increasingly reactionary: during the celebrations in Peru which marked the centenary of the battle of Ayacucho, in a much resented speech "La hora de la espada", he publicly shared the opinion of José Santos Chocano (also at the celebrations) that America must prefer military strength to liberal institutions. In his poetry he retreated into a world of conservative virtue and a glorious criollo past; his *Poemas solariegos* have a haughty "dedicatoria a los antepasados" (his own). He committed suicide in Buenos Aires in 1938.

Obras poéticas completas, edición y prólogo de P. M. Obligado, Aguilar, Madrid, 1959 (3rd ed.). See J. C. Ghiano, *Lugones escritor,* Buenos Aires, 1955; J. L. Borges, *Leopoldo Lugones,* Buenos Aires, 1955. Texts from: *Las montañas del oro,* typewritten copy, Buenos Aires, 1897, (2nd ed. Ed. Rioplatense, Montevideo, 1919)[1]; *Los crepusculos del jardín,* typewritten copy, Buenos Aires, 1905; *Lunario sentimental,* A. Moen, Buenos Aires, 1909; *El libro fiel,* H. Piazza, Paris, 1912; *El libro de los paisajes,* Otero y García, Buenos Aires, 1917.

Metempsicosis

Era un país de selva y de amargura,
un país con altísimos abetos,
con abetos altísimos, en donde
ponía quejas el temblor del viento.
Tal vez era la tierra cimeriana
donde estaba la boca del Infierno,
o la isla que en el grado ochenta y siete
de latitud austral, marca el lindero
de la líquida mar; sobre las aguas
10 se levantaba un promontorio negro,
como el cuello de un lúgubre caballo,
de un potro colosal, que hubiera muerto
en su última postura de combate,
con la hinchada nariz humeando al viento
El orto formidable de una noche
con intenso borrón manchaba el cielo,
y sobre el fondo de carbón flotaba
la alta silueta del peñasco negro.
Una luna ruinosa se perdía
20 con su amarilla cara de esqueleto
en distancias de ensueño y de problema;
y había un mar, pero era un mar eterno,

---

[1] This printed edition, printed in three days, does not follow the typewritten text closely.

dormido en un silencio sofocante
como un fantástico animal enfermo.
Sobre el filo más alto de la roca,
ladrando al hosco mar, estaba un perro.

Sus colmillos brillaban en la noche
pero sus ojos no, porque era ciego.
Su boca abierta relumbraba, roja
30   como el vientre caldeado de un brasero;
como la gran bandera de venganza
que corona las iras de mis sueños;
como el hierro de una hacha de verdugo
abrevada en la sangre de los cuellos.
Y en aquella honda boca aullaba el hambre,
como el sonido fúnebre en el hueco
de las tristes campanas de Noviembre.
Vi que mi alma con sus brazos yertos
y en su frente una luz hipnotizada
40   subía hacia la boca de aquel perro,
y que en sus manos y en sus pies sangraban,
como rosas de luz, cuatro agujeros;
y que en la hambrienta boca se perdía,
y que el monstruo sintió en sus ojos secos
encenderse dos llamas, como lívidos
incendios de alcohol sobre los miedos.

Entonces comprendí (¡Santa Miseria!)
el misterioso amor de los pequeños;
y odié la dicha de las nobles sedas,
50   y las prosapias con raíz de hierro;
y hallé en tus lodos gérmenes de lirios,
y puse la amargura de mis besos
sobre rosas purpúreas, que eran llagas;
y en las prostituciones de tu lecho
vi esparcidas semillas de azucena,
y aprendí a aborrecer como los siervos;

y mis ojos miraron en la sombra
una cruz nueva, con sus clavos nuevos,
que era una cruz sin víctima, elevada
60   sobre el oriente enorme de un incendio,
aquella cruz sin víctima ofrecida
como un lecho nupcial.
¡Y yo era un perro!

(*Las montañas del oro*)
(Con autorización de Leopoldo Lugones, hijo)

Hortus deliciarum

El crepúsculo sufre en los follajes.
Tus manos afeminan las discretas
caricias de las noches incompletas.
Bajo una fina languidez de encajes
y un indulgente olor de violetas.

Nieva tu palidez sobre las horas.
Mi deseo perfuma, y mi pupila,
al fulgor de la tarde que vacila.
Complica en sutilezas tentadoras
10   la breve arruga de tu media lila.

Algo llora en los árboles espesos.
El alma, enferma de divinos males,
quiere unir en las copas inmortales,
a la inquietud ambigua de tus besos,
el sabor de las églogas pradiales.

Llega un triste mensaje: ha muerto Ofelia.
La flor de oro del Sol, desde el Poniente,
quema en su polen de oro, inútilmente,
tu integridad estéril de camelia,
20   y agoniza dorándote la frente.

Hoy cantan los maitines de las flores.
Deja arrastrar tu falda entre mis penas,
y al ritmo de la sangre de mis venas
trovaré el virelay de tus pudores
y canonizaré tus azucenas.

Las tardes se marchitan desoladas.
Dame el saludo de cortés desvío,
y verás cuál resbala por el frío
opalo de tus uñas delicadas,
30   mi alma como una gota de rocío.

El violín detalla una gavota,
mi corazón fallece en un gemido,
porque al beso de sombra del olvido,
bajo el ancho muaré de tu capota
tu mirada y la tarde se han dormido.

(Con autorización de Leopoldo Lugones, hijo)

El éxtasis

Dormía la arboleda; las ventanas
llenábanse de luz como pupilas;
las sendas grises se tornaban lilas;
cuajábase la luz en densas granas.

La estrella que conoce por hermanas,
desde el cielo tus lágrimas tranquilas,
brotó, evocando al son de las esquilas,
el rústico Belén de las aldeanas.

Mientras en las espumas del torrente
10   deshojaba tu amor sus primaveras
de muselina, relevó el ambiente

La armoniosa amplitud de tus caderas.
Y una vaca mujió sonoramente
allá por las sonámbulas praderas.

(Con autorización de Leopoldo Lugones, hijo)

Delectación morosa

La tarde, con ligera pincelada
que iluminó la paz de nuestro asilo,
apuntó en su matiz crisoberilo
una sutil decoración morada.

Surgió enorme la luna en la enramada;
las hojas agravaban su sigilo,
y una araña, en la punta de su hilo,
tejía sobre el astro, hipnotizada.

10   Poblóse de murciélagos el combo
cielo, a manera de chinesco biombo;
tus rodillas exangües sobre el plinto

Manifestaban la delicia inerte,
ya nuestros pies un río de jacinto
corría sin rumor hacia la muerte.

(Con autorización de Leopoldo Lugones, hijo)

El pañuelo

A Javier de Viana

Poco a poco, adquiriendo otra hermosura,
aquel cielo infantil de primavera
se puso negro, cual si lo invadiera
una sugestión lánguida y oscura.

Tenía algo de parque la espesura
del bosque, y en la pálida ribera
padecía la tarde cual si fuera
algún ser fraternal en desventura.

Como las alas de un alción herido,
10   los remos de la barca sin consuelo
azotaron el piélago dormido.

Cayó la noche, y entre el mar y el cielo,
quedó por mucho tiempo suspendido
el silencioso adiós de tu pañuelo.

(Los crepúsculos del jardín)
(Con autorización de Leopoldo Lugones, hijo)

Claro de luna

Con la extática elevación de un alma,
la luna en lo más alto de un cielo tibio y leve,
forma la cima de la calma
y eterniza el casto silencio de su nieve.
Sobre el páramo de los techos
se eriza una gata oscura;
el olor de los helechos
tiene una farmacéutica dulzura.
Junto a una inmóvil canoa
10   que al lago del parque cuenta íntimas vejeces,
una rana croa
como un isócrono cascanueces,
y una guitarra yace olvidada en la proa.

Blanqueando vecindades halagüeñas
en témpanos de cales inmaculadas,
parecen lunares peñas
las casas aisladas.

La medianoche, con suave mutismo,
cava a las horas el fondo de su abismo.
20   Y anunciando con sonora antonomasia,
el plenilunio a su inmóvil serrallo,
un telepático gallo
saluda al sol antípoda del Asia.

Entre taciturnos sauces,
donde la esclusa
abre sus líquidas fauces
a la onda musical y confusa,
concertando un eclógico programa
de soledad y bosque pintoresco,
30   gozamos el sencillo fresco
de una noche en pijama.
Con trivial preludio,
que al azar de un capricho se dispersa y restaura,
conturban la futilidad del aura
los lejanos bemoles de un estudio.
La luna obsesora
comienza a descender en su camino,
cuando marca precisamente la hora
la llave puntual de mi vecino.
40   La luna, en su candor divino,
va inmensamente virgen como Nuestra Señora.

Vertiendo como un narcótico alivio
con la extática infinidad de su estela,
poco a poco se congela
su luz en un nácar tibio.

En el agua oscura sobre la cual desfloca
el sauce ribereño
su cabellera agravada de sueño
como un sorbete se deslíe una oca.

50 Diluye un remo de líquido diptongo,
    el lago tiembla en argentino engarce,
    y una humedad de hongo
    por el ambiente se esparce.
    El luminoso marasmo
    reintegra la existencia en lo infinito.
    Con temeroso pasmo,
    la vida invisible nos mira de hito en hito.
    En frialdad brusca,
    se siente la intimidad coeterna
60 de un alma inédita, que busca
    una gota de albúmina materna.
    La muerte, como un hálito nulo,
    pasa junto a nosotros, y se siente su pausa,
    en el lúgubre disimulo
    del perro que cambia de sitio sin causa.

    Al resplandor yerto,
    la misma soledad se desencaja:
    y paralizado en la lunar mortaja,
    diríase que el tiempo ha muerto.
70 Cuando he aquí que poco a poco,
    en la próxima ventana,
    aparece la cabeza arcana
    del médico loco.
    Su mirada serena,
    dice infortunios de romántico joven.
    Y es tan pura su pena,
    que el abismo lunar lentamente se llena
    de divino Beethoven . . . .

(Lunario sentimental)
(Con autorización de Leopoldo Lugones, hijo)

La blanca soledad

Bajo la calma del sueño,
calma lunar de luminosa seda,
la noche
como si fuera
el blando cuerpo del silencio,
dulcemente en la inmensidad se acuesta . . . .
Y desata
su cabellera,
en prodigioso follaje
10   de alamedas.

Nada vive sino el ojo
del reloj en la torre tétrica,
profundizando inútilmente el infinito
como un agujero abierto en la arena.
El infinito,
rodado por las ruedas
de los relojes,
como un carro que nunca llega.

La luna cava un blanco abismo
20   de quietud, en cuya cuenca
las cosas son cadáveres
y las sombras viven como ideas,
y uno se pasma de lo próxima
que está la muerte en la blancura aquella,
de lo bello que es el mundo
poseído por la antigüedad de la luna llena.
Y el ansia tristísima de ser amado,
en el corazón doloroso tiembla.

Hay una ciudad en el aire,
30   una ciudad casi invisible suspensa,
cuyos vagos perfiles
sobre la clara noche transparentan.

Como las rayas de agua en un plïego,
su cristalización poliédrica.
Una ciudad tan lejana,
que angustia con su absurda presencia.

¿Es una ciudad o un buque
en el que fuésemos abandonando la tierra,
callados y felices,
y con tal pureza,
que sólo nuestras almas
en la blancura plenilunar vivieran? . . .

Y de pronto cruza un vago
estremecimiento por la luz serena.
Las líneas se desvanecen,
la inmensidad cámbiase en blanca piedra,
y sólo permanece en la noche aciaga
la certidumbre de tu ausencia.

(*El libro fiel*)
(Con autorización de Leopoldo Lugones, hijo)

Olas grises

Llueve en el mar con un murmullo lento.
La brisa gime tanto, que da pena.
El día es largo y triste. El elemento
duerme el sueño pesado de la arena.

Llueve. La lluvia lánguida trasciende
su olor de flor helada y desabrida.
El día es largo y triste. Uno comprende
que la muerte es así . . . que así es la vida.

Sigue lloviendo. El día es triste y largo.
En el remoto gris se abisma el ser.

Llueve.... Y uno quisiera, sin embargo,
que no acabara nunca de llover.

(Con autorización de Leopoldo Lugones, hijo)

Salmo pluvial

Tormenta

Érase una caverna de agua sombría el cielo;
el trueno, a la distancia, rodaba su peñón;
y una remota brisa de conturbado vuelo,
se acidulaba en tenue frescura de limón.

Como caliente polen exhaló el campo seco
un relente de trébol lo que empezó a llover.
Bajo la lenta sombra, colgada en denso fleco,
se vió al cardal con vívidos azules florecer.

Una fulmínea verga rompió el aire al soslayo;
10   sobre la tierra atónita cruzó un pavor mortal;
y el firmamento entero se derrumbó en un rayo,
como un inmenso techo de hierro y de cristal.

Lluvia

Y un mimbreral vibrante fue el chubasco resuelto
que plantaba sus líquidas varillas al trasluz,
o en pajonales de agua se espesaba revuelto,
descerrajando al paso su pródigo arcabuz.

Saltó la alegre lluvia por taludes y cauces;
descolgó del tejado sonoro caracol;
y luego, allá a lo lejos, se desnudó en los sauces,
20   transparente y dorada bajo un rayo de sol.

Calma

Delicia de los árboles que abrevó el aguacero.
Delicia de los gárrulos raudales en desliz.
Cristalina delicia del trino del jilguero.
Delicia serenísima de la tarde feliz.

Plenitud

El cerro azul estaba fragante de romero,
y en los profundos campos silbaba la perdiz.

(*El libro de los paisajes*)
(Con autorización de Leopoldo Lugones, hijo)

JULIO HERRERA Y REISSIG
(Uruguay; 1875–1910)

HERRERA Y REISSIG is one of the few *modernistas* to whom the charge of aestheticism and escapism is relevant. He inherited the dwindling fortune of a powerful family in decline and maintained an overbearing attitude towards those with whom he found it necessary to work from time to time in order to live. He devoted most of his life to reading and writing poetry and presided in Olympian fashion over the literary circle (which included Horacio Quiroga and Ernesto Herrera) that met in the attic of his family house in Montevideo. In a famous "decree" issued from this retreat, which was known as "La Torre de los Panoramas", he defended his immunity from the impertinence of the world with the Caesarean signature: "Yo, Julio". His fame and influence were correspondingly limited. Before the publication of *Los peregrinos de piedra* right at the end of his life, he was known outside his group only by what he published in the *Vida moderna* and other periodicals; Juan Ramón Jiménez reported that he was totally unknown in Spain. However, after his death his reputation grew greatly, partly as a result of Blanco Fombona's erroneous suggestion that he had influenced Lugones. At his funeral, the Uruguayan critic Alberto Zum Felde made a famous speech in which he chastised the Uruguayan public for their bourgeois failure to appreciate one of their greatest poets.

Herrera y Reissig's achievement is, in fact, minor, but consciously so. It is significant that he chose to write almost the whole of his work in sonnet form. Within his limits he availed himself with passion and discrimination of his reading of the French symbolists. He excelled in the expression of the subconscious (*Los maitines de la noche*, 1903) and in the pastoral richness

140

of *Los éxtasis de la montaña* and *Los parques abandonados*. His bold and luxurious metaphors gave him a modernity which survived the First World War.

Poesías completas, edición, estudio preliminar y notas de R. Bula Piriz, Aguilar, Madrid, 1961 (2nd ed.). See B. Gicovate, *Julio Herrera y Reissig and the Symbolists*, University of California Press, Berkeley and Los Angeles, 1957. Texts from: *Poesías completas*, O. M. Bertani, Montevideo, 1913; "La novicia" direct from *Vida moderna* (Montevideo), June 1903. For the ordering and sectionalizing of the poems I gratefully follow Sr. Bula Piriz's suggestions.

La vuelta de los campos

La tarde paga en oro divino las faenas . . . .
Se ven limpias mujeres vestidas de percales,
trenzando sus cabellos con tilos y azucenas
o haciendo sus labores de aguja en los umbrales.

Zapatos claveteados y báculos y chales . . . .
Dos mozas con sus cántaros se deslizan apenas.
Huye el vuelo sonámbulo de las horas serenas.
Un suspiro de Arcadia peina los matorrales . . . .

Cae un silencio austero. . . . Del charco que se nimba
10   estella una gangosa balada de marimba.
Los lagos se amortiguan con espectrales lampos,

las cumbres, ya quiméricas, corónanse de rosas . . . .
Y humean a lo lejos las rutas polvorosas
por donde los labriegos regresan de los campos.

(Los éxtasis de la montaña)

La Torre de los Esfinges

IV

Et noctem quietam concedet dominus....

Canta la noche salvaje
sus ventriloquias de Congo,
en un gangoso diptongo
de guturación salvaje....
La luna muda su viaje
de astrólogo girasol,
y olímpico caracol,
proverbial de los oráculos,
hunde en el mar sus tentáculos,
10 hipnotizado de Sol.

Sueña Rodenbach su ambigua
quimera azul, en la bruma;
y el gris surtidor empluma
su frivolidad ambigua....
Allá en la mansión antigua
la noble anciana, de leda
cara de esmalte, remeda
—bajo su crespo algodón—
el copo de una ilusión
20 envuelto en papel de seda.

En la abstracción de un espejo
introspectivo me copio
y me reitero en mí propio
como en un cóncavo espejo....
La sierra nubla un perplejo
rictus de tormenta mómica,
y en su gran página atómica
finge el cielo de estupor
el inmenso borrador
30 de una música astronómica.

Con insomnios de neuralgia
bosteza el reloj: la una;
y el parque alemán de luna
sufre una blanca neuralgia . . . .
Ronca el pino su nostalgia
con latines de arcipreste;
y es el molino una agreste
libélula embalsamada,
en un alfiler picada
40   a la vitrina celeste.

Un leit-motiv de ultratumba
desarticula el pantano,
como un organillo insano
de un carrusel de ultratumba . . . .
El Infinito derrumba
su interrogación huraña,
y se suicida, en la extraña
vía láctea, el meteoro,
como un carbunclo de oro
50   en una tela de araña.

V

. . . .

¡Oh negra flor de Idealismo!
¡Oh hiena de diplomacia,
con bilis de aristocracia
y lepra azul de idealismo! . . . .
Es un cáncer tu erotismo
de absurdidad taciturna,
y florece en mi saturna
fiebre de virus madrastos,
como un cultivo de astros
60   en la gangrena nocturna.

Te llevo en el corazón,
nimbada de mi sofisma,
como un siniestro aneurisma
que rompe mi corazón . . . .
¡Oh Monstrua! Mi ulceración
en tu lirismo retoña,
y tu idílica zampoña
no es más que parasitaria
bordona patibularia
70   de mi celeste carroña!

¡Oh musical y suicida
tarántula abracadabra
de mi fanfarria macabra
y de mi parche suicida! . . . .
¡Infame! ¡En tu desabrida
rapacidad de perjura,
tu sugestión me sulfura
con el horrendo apetito
que aboca por el Delito
80   la tenebrosa locura!

(*La Torre de los Esfinges*, 1909)

La novicia

Surgiste—emperatriz de los altares,
esposa de tu dulce Nazareno,
con tu atavío vaporoso lleno
de piedras, brazaletes y collares.

Celoso de tus júbilos albares,
el ataúd te recogió en su seno,
y hubo en tu místico perfil un pleno
desmayo de crepúsculos lunares.

Al contemplar tu cabellera muerta,
10 avivóse en mi espíritu una cierta
huella de amor. Y mientras que los bronces

se alegraban, brotaron tus pupilas
lágrimas que ignoraran hasta entonces
la senda en flor de tus ojeras lilas.

(Los parques abandonados)

Julio

¡Frío, frío, frío!
Pieles, nostalgias y dolores mudos.
Flota sobre el esplín de la campaña
una jaqueca sudorosa y fría,
y las ranas celebran en la umbría
una función de ventriloquia extraña.

La Neurastenia gris de la montaña
piensa, por singular telepatía,
con la adusta y claustral monomanía
del convento senil de la Bretaña.

Resolviendo una suma de ilusiones,
10 como un Jordán de cándidos vellones,
la majada eucarística se integra;

y a lo lejos el cuervo pensativo
sueña acaso en un Cosmos abstractivo
como una luna pavorosa y negra.

(Los maitines de la noche)

Bostezo de luz

Cien fugas de agua viva rezan a la discreta
ventura de los campos sin lábaro y sin tronos.
El incienso sulfúrico que arde por los abonos,
se hermana a los salobres yodos de la caleta . . . .

Con sus densos perfiles y sus abruptos conos,
a lo lejos, la abstracta serranía concreta
una como dormida tormenta violeta
que el crepúsculo prisma de enigmáticos tonos.

Silencio. Un gran silencio que anestesia y que embruja,
10 y una supersticiosa soledad de Cartuja.
Ripian en la plazuela, sobre el único banco,

el señor del Castillo con su galgo y su rifle . . . .
Y allá en la carretera que abre un bostezo blanco,
se duerme la tartana lerda del mercachifle.

(Los éxtasis de la montaña, 2nd series, 1904–7)

Epitalamio ancestral

Con pompas de brahmánicas unciones,
abrióse el lecho de tus primaveras,
ante un lúbrico rito de panteras
y una erección de símbolos varones . . . .

Al trágico fulgor de los hachones
ondeó la danza de las bayaderas,
por entre una apoteosis de banderas
y de un siniestro trueno de leones.

Ardió al epitalamio de tu paso,
10 un himno de trompetas fulgurantes . . . .
Sobre mi corazón, los hierofantes

ungieron tu sandalia, urna de raso,
a tiempo que cien blancos elefantes
enroscaron su trompa hacia el ocaso.

(Las clepsidras)

JOSÉ SANTOS CHOCANO

(Perú; 1875–1934)

CHOCANO began his career as a public Romantic in the style of the early Díaz Mirón and ended it as the bard of America and the chief exponent of *mundonovismo*. Throughout he was egocentric and declamatory. His fame is obscured biographically by his ruthless exploitation of public occasion, by his murder of Edwin Elmore after the Ayacucho centenary celebrations, and by his close friendship with Estrada Cabrera, one of the worst Latin American dictators.

Most of his verse was written to be recited and little of it survives close reading and scrutiny. He himself disowned a large part of it when he published *Alma América*, and it is true that he was best in his "American" style. Although even then he had his eyes firmly fixed on his audience.

Obras completas, compiladas, anotadas y prologadas por L. A. Sánchez, Aguilar, Mexico, 1954. Texts from: *Alma América. Poemas indo-españoles*, V. Suárez, Madrid, 1906; "Submarina" from *Revista Azul*, ii, 17 (24 February 1895) and "Oda salvaje" from *Revista de América*, Paris, 1912.

Submarina

Flora virgen del hacha que el buzo blande con cruda mano
luce en las glaucas urnas todo el tesoro de los colores,
quizás entre los mismos cascos de nave que en sus furores
despedazó Neptuno, bajo sus plantas, soberbio y vano . . . .

¡Cuánta tierna caricia se harán los monstruos allá en lo arcano!
¡Cuánto choque allá al fondo tendrán gigantes ciengladiadores!
Cuántas raras escenas habrá ignoradas de odios y amores
allá en las misteriosas profundidades del turbio oceano . . . .

Debajo de esas espumas que se estremecen, como si de ellas
10 quisiera surgir Venus, quizás un banco yace escondido
de corales tan rojos como los labios de las doncellas . . . .

Y un tiburón furioso de abierta boca y hosca mirada,
quizás ronda ese banco; porque conoce, viejo bandido,
que el coral es la sangre de las sirenas petrificada! . . . .

(Revista Azul)

Los volcanes

Cada volcán levanta su figura,
cual si de pronto, ante la faz del cielo,
suspendiesen el ángulo de un velo
dos dedos invisibles de la altura.

La cresta es blanca y como blanca pura:
la entraña hierve en inflamado anhelo;
y sobre el horno aquél contrasta el hielo,
cual sobre un pasión un alma dura.

Los volcanes son túmulos de piedra,
10 pero a sus pies los valles que florecen
fingen alfombras de irisada yedra;

y por eso, entre campos de colores,
al destacarse en el azul, parecen
cestas volcadas derramando flores . . . .

El sueño del caimán

Enorme tronco que arrastró la ola,
yace el caimán varado en la ribera:
espinazo de abrupta cordillera,
fauces de abismo y formidable cola.

El sol lo envuelve en fúlgida aureola;
y parece lucir cota y cimera,
cual monstruo de metal que reverbera
y que al reverberar se tornasola.

10   Inmóvil como un ídolo sagrado,
        ceñido en mallas de compacto acero,
        está ante el agua extático y sombrio,

a manera de un príncipe encantado
que vive eternamente prisionero
en el palacio de cristal de un río . . . .

(Alma América)

Oda salvaje

Selva de mis abuelos primitivos,
diosa tutelar de los Incas y de los Aztecas,
yo te saludo, desde el mar, que estremece
todas sus espumas para besarte, como besa
un viejo esclavo
los pies de su Reina;
yo te saludo, desde el mar, sobre cuyas crines
tus brisas perfumadas se restriegan
y tus troncos mutilados
10   señalan a la aventura el camino de las Américas;
yo te saludo, desde el mar, que te es amable

como un cacique de intonsa cabellera
y que sabe que de los apretados renglones
de tu indescifrable leyenda
sale el árbol hueco y alígero
que lo muerde con la quilla y lo devora con la vela;
yo te saludo, selva de mis abuelos primitivos.
diosa tutelar de los Incas y de los Aztecas . . . .

    Vuelvo a ti sano del alma,
20   a pesar de las civilizaciones enfermas:
tu vista me conforta,
porque al verte, me siento a la manera
de los viejos caciques,
que dormían sobre la yerba
y bebían leche de cabras salvajes
y comían pan de maíz con miel de abejas;
tu vista me conforta,
porque tu espesura de ejército me recuerda
de cuando, hace novecientos años,
30   discurrí a la cabeza
de veinte mil arqueros bravíos,
que, arrancándose del éxodo tolteca
fueron hasta el país de los lagos y de los volcanes,
en donde el chontal sólo se rindió ante la Reina,
y de cuando trasmigré al imperio armonioso
del gran Inca Yupanqui, y le seguí, por las sierras
a las vertientes de Arauco,
en donde con alas de cóndor nos improvisábamos tiendas;
tu vista me conforta,
40   porque sé que los siglos me señalan como tu Poeta,
y recojo, del fondo alucinante
de tus edades quiméricas,
la voz con que se dolían y exaltaban,
en sus liras de piedra,
los haraviccus del Cuzco
y los Emperadores Aztecas.

Tuya es la danta
que sorprende en los charcos la deformidad de su silueta
y se va abriendo paso, entre los matorrales,
50   al golpe enérgico de su cabeza:
tuyo el jaguar, que brinca,
en el alarde acrobático de sus fuerzas,
a los árboles corpulentos
para dejarse caer súbito sobre su presa;
tuyo el tigrillo, que urde
taimadas estrategias,
para los carnívoros alborozos
de sus dientes de alabastro y sus encías de felpa;
tuyo el lagarto, dios anfibio y vetusto,
60   que preside las lluvias y las siembras
y condecora con las esmeraldas de sus ojos
las taciturnas oquedades de las cuevas;
tuyo el boa,
que se dijera
un brazo interminable
recortado a las sombras por un hacha dantesca . . . .

Y con ser tan vasta
la vida animal que te puebla,
tu vida vegetal parece una esponja
70   que, hidrópicamente, sorbiera
el hierro de todos los músculos
y la sangre de todas las venas,
para explotar en el laberinto
de una frondosidad desconcertante y gigantesca:
allí el bélico penacho
de tus imperativas palmeras,
en cuyos lechosos frutos refrescaron su fatiga
las tribus de las peregrinaciones pretéritas;
allí el dosel legislativo
80   de tus patriarcales ceibas,
a cuyas sombras deliberaron los caciques

sobre la paz y sobre la guerra;
allí el bíblico cedro y el pindárico roble;
allí la caoba madre, en cuya aromática madera
los artífices tallan
para las cortes europeas,
los estrados faraónicos de los Emperadores
y los tálamos salomónicos de las reinas . . . .
los jempines del Arauco indomable
90 y los rapsodas que repetían, de selva en selva,
las historias de los Palenkes y de los Tiahuanaccus
babilónicamente desaparecidos de la tierra . . . .

Ahora que a ti retorno
y me siento con tu savia en las venas,
creo desenterrar los siglos
y hacerlos desfilar por tu juventud perpetua:
evoco yo los tiempos obscuros
en que tu primer árbol cuajó sobre una piedra
y apareciéronte todos de repente,
100 aquí y allá, con el ordenado desorden de las estrellas;
y evoco yo los tiempos sucesivos
que han pasado en una procesión monótona y lenta,
hasta que tus raíces succionaron el ímpetu,
y tus troncos se acorazaron en sus cortezas,
y los nudos de tus ramas se desataron
en este himno inacabable de tu única Primavera.
Jaula florida de pájaros sinfónicos,
eres como el fantasma de una orquesta:
sinsontes y turpiales
110 ponen en tus oídos estupefactos músicas nuevas;
y solamente mudo
el quetzal heráldico te ornamenta,
arcoirisando el símbolo de sus largas plumas
sobre las sienes de una gran raza muerta . . . .

Tus mariposas azules y rosadas
se abanican como damas coquetas;

tus cantáridas brillan
como las talismánicas piedras
incrustadas en las empuñaduras
120   de las espadas viejas:
tus chicharras se hinchan clamorosas
en una fiebre de pitonisas coléricas;
y en la pesadilla
de tus noctámbulas tinieblas,
se confunde
el pestañeo de las luciérnagas
con el temblor azufrado
de las pupilas satánicas de las fieras ....

Selva de mis abuelos primitivos
130   diosa tutelar de los Incas y de los Aztecas,
yo te saludo, desde el mar; y te pido
que en la noche—en la noche que está cerca—
me sepultes
en tus tinieblas,
como si me creyeses un fantasma
de tus religiones muertas,
y me brindes, para salvajizar mis ojos
con reverberaciones de fiesta,
en la punta de cada uno de tus árboles
140   ensartada una estrella.

(1908)
(*Revista de América*)

NOTES TO THE POEMS

Ritmo soñado (p. 2)
Later editions have the note: "Reproducción bárbara del ritmo alkmánico."

Triolets (p. 2)
A form taken from the French consisting of a stanza of 8 lines, constructed on 2 rhymes, in which the 1st line is repeated as the 4th and the 7th and the 2nd as the 8th.

En país extraño (p. 4)
One of the poems "con rima" from the first section of *Exóticas*; it is in fact assonanced. The poet describes the experience of synæsthesia and a mystic loss of individuality. The quotation from Baudelaire is from "Tout entière", *Les Fleurs du Mal*.
18. *voluptad*: a Gallicism from *volupté*.

Mi muerte (p. 5)
The first of the poems "con ritmos continuos y proporcionales" in the third section of *Exóticas* which contains González Prada's boldest adventures into free verse. He schematized the rhythm of the poem as follows: "óo/óo/ óo/", etc.

Sueño despierto (p. 8)
One of several poems in *Ismaelillo* inspired by the poet's son. In some of these poems Martí, in exile, recalls directly details of lost domestic intimacy; here, as in "Hijo del alma" and "Amor errante", the image of his son becomes something more remote and permanent.
9. *monarca de mi pecho*: other poems in *Ismaelillo* are called "Mi reyecillo" and "Mi caballero".

Tórtola blanca (p. 8)
Martí works towards the same consciously noble and protective gesture which concludes "Sueño despierto", this time by showing purity caught helpless in the tempo of voluptuous brutality.
7. *tropiézase*: the subject is indefinite.
18. *se vacia*: poetic licence for 'se vacía'.

Yo sé de Egipto y Nigricia (p. 10)
The "simplicity" of these verses is not more than formal (regular rhyme and metre, parallel structures). The train of thought plunges alarmingly in the

155

fourth stanza to the last superb line, which calls completely into question the poet's earlier statements of preference.
1. *Nigricia:* Sudan.
2. *Xenophonte:* normally "Jenofonte"; an ancient Greek historian.

Pomona (p. 11)
Cowardice and dyspepsia are dispersed by the invigorating voluptuousness of the flesh. Lines 4–5 are a blasphemous jibe at ascetic Christianity and the final gesture of Pomona, the goddess of the fruit harvest, is rich in its appeal to the different senses.
6. *Memnón:* the son of Aurora, the dawn goddess.

Para Cecilia Gutiérrez Nájera y Maillefert (p. 13)
This poem is reported to have been written spontaneously during a visit of Martí's to the Gutiérrez Nájera household in August 1894, when he was received by the child Cecilia in her father's absence.
3. *el padre:* see p. 33.

Música fúnebre (p. 16)
This is an extraordinarily explicit and succinct statement of the complex emotional effect of music. The movement of the passage of "Verdi's sadness" is as brilliantly contrived as that of Darío's baroque dancers in "Era un aire suave ...". Díaz Mirón's *modernista* concern to give literary expression to musical sound is also evident in another sonnet in *Lascas,* "Música de Schubert".
5. *entume:* Díaz Mirón wrote the note in *Lascas:* "El diccionario académico no registra *entumir,* sino sólo *entumirse.* Pero el caso es que las dos formas coexisten, y de tiempo antiguo. El célebre léxico de don Esteban de Terrero y Pando consigna *entumir* como equivalente de *entumecer.* Y la obra citada fue impresa en 1786."

Nox (p. 16)
22. *prende una cábala:* "takes on a secret meaning".
53. *Escorpión:* the constellation of Scorpio.
54. *su alfa:* "its main star".
87. *Lucifer:* the name for Vesper as the morning star.

Idilio (p. 19)
A long narrative pastoral in three parts. In the first (1–61), the poet contemplates the dawn and can sense the possibility of pastoral innocence in the landscape he sees from his prison window only when it is unpeopled (35–40). The second (62–119) is an account of the sordid history of the shepherdess Sidonia which shows Díaz Mirón's debt to, and interest in, French Naturalism. The third part (120–73) is the culmination of the anti-idyll and the final reversing of the pastoral love conventions.
1. *puerto bullente:* Veracruz.
2. *grescas:* brawling in Andalusian style (the Andalusian influence on Veracruz is very pronounced); the poet was in prison as the result of such a brawl.

13. *nopal*: Mexican cactus.
14. *boñiga*: dung.
21. *pródiga lumbre febea*: the heat of the sun.
51. *jarocho*: in Veracruz style.
130. *zopilote*: vulture.
169. *cambujo*: a half-caste (in Mexico); son of a Negro and an Indian woman.
169. *patán*: rude, clumsy.

Pinceladas (p. 25)
I: is a landscape for its own sake, with fore- and background   Only the
final abundant volcano, a god for the Aztecs, is admitted to be "symbolic".
5, *brocal de piedra*: the stone edge to a well.
8. *gropos*: cotton used in ink wells.
II: here depiction of nature is too readily interrupted by the poet's feelings.
—chiefly his frustrated desire to soar free (cf. "Música fúnebre", lines 7–8).

Paisajes (p. 28)
Even if Othón claimed to observe nature only directly, these sonnets are
very much in the mood of the Parnassians and his fellow *modernistas*, especially
the last line of "Meridies".
3. *verdes*: "mustias" in *Poemas rústicos* (= *PR*) and later editions.
5. *la milpa*: maize field.
6. *cargada de racimos y*: "de espigas rebosante y de" in *PR*.

Noctifer
10. *Toca de pronto*: "súbito llama" in *PR*.
11. *rústica*: "ruinosa" in *PR*.

Idilio salvaje (p. 29)
A A.T.: "To Alfonso Toro", a Mexican historian and friend of Othón's.
In a bad introductory sonnet (omitted here), Othón attributed the whole
confession in the poem to Toro for fear of scandal.   The confession is of the
desperate love Othón felt as an ageing married man for a girl much younger
than himself. Under the force of his feeling his description of the Mexican
landscape becomes totally spiritualized.
30–33.   A very Beardesley-esque (and therefore *modernista*) image.

Crepúsculo (p. 34)
This early poem shows the influence of the *playera*, a simple, wistful quatrain
made popular by Gutiérrez Nájera's friend and master Justo Sierra.
45. *nereida*: "sea-nymph". The introduction of a mythological subject at
this stage of the poem is a good example of the uninterest in his circumstances
for which Gutiérrez Nájera was variously criticized.

La Duquesa Job (p. 36)
Manuel Puga y Acal: the Mexican critic whose comments on "Tristissima nox"
inspired Othón (q.v.) to focus on the Mexican landscape.
6. *Villasana*: José María Villasana, a Mexican newspaper caricaturist.
8. *Prieto*: Guillermo Prieto (1818–97), a Mexican writer whose book *Los
San Lunes de Fidel* portrays various Mexican "types".

10. *gomosos*: from the French *gommeux*, "dandy".
14. *Paul de Kock*: a popular French novelist (1794–1871).
31. *v'lan, pschutt*: French interjections of approbation.
99. *Chapultepec*: a large park in Mexico city.

Para entonces (p. 41)
Previously in *La literatura de El Heraldo*, i, 210, with substantial variations.
11. *lento expira*: this was, significantly, "tanto aspira" in the earlier version.

Ondas muertas (p. 41)
A Luis Medrano is "A Luis Mercado" in *Poesías completas*, 1953.

De blanco (p. 43)
Th. Gautier's "Symphonie en blanc majeur" is customarily cited as a source of inspiration for this poem, which is, however, decidedly less ambiguous than the French one about the nature of feminine purity.

A la Corregidora (p. 45)
In *Poesías* (1896), this poem has the note: "Esta poesía, la última del Sr. Gutiérrez Nájera, fue escrita para ser pronunciada por una señorita al colocarse la primera piedra en el monumento que se está levantando a la Corregidora Domínguez [a heroine of Mexican Independence] en el jardín de Santo Domingo, de esta capital." Despite its municipal origin, it is one of the best he wrote. The twelve-syllable line (used also in "De blanco") has a verve that is further excited, notably in stanzas 2 and 4, by alliteration and assonance.

Salomé (p. 49).
From the section "Mi museo ideal. Diez cuadros de Gustavo Moreau" in *Nieve*. Casal never saw originals of these paintings and relied on reproductions and Huysmans's descriptions of them in *À Rebours* (1884). Gustave Moreau (1826–98) was a leader of the French "décadent" painters.

Kakemono (p. 50)
First published, with the title "Pastel japonés", in *La Habana Elegante* (22 March 1891). Its subject is María Cay, to whom Darío also addressed two poems ("Para una cubana" and "Para la misma") when he saw her with Casal in Havana in 1892. María Cay was the wife of a General; and the poem shows that the exoticism of the *modernistas*, deriving from Gautier and the French Parnassians, found an occasional echo in the fashions of the higher levels of their societies, in this case the last days of Spanish rule in Havana. There is no question of the poet's escaping fully even within the poem into the world of Imperial Japan. He sees the woman in all her detailed refinement (the scents, the make-up, the colours of her dress, the fan) as a portrait (65) and not as a real part of another tradition. Even in the fourth stanza, with its repeated references to Japanese customs and religion, we are prevented from thinking that Casal knows or ultimately even wants to know about Japan by the disarming ease of his certainty

that the women there are not really more beautiful than María Cay dressed up. The "Envío" reinforces this impression: for Casal exoticism can at best be a flickering diversion in the gloom of his melancholy.

31. *Yedo*: the old name for Tokyo.

33. *Kisogawa*: the Kiso river on Honshu island.

57. *Yoshivara*: the brothel quarter of Tokyo and other Japanese towns.

Horridum somnium (p. 53)

Like the previous three poems in the section "La gruta del ensueño" in *Nieve*; a very uneven poem in which the poet opposes his anxieties with pre-Freudian random and very little taste.

27. *Moreau*: compare note to "Salomé" above.

29. *flores del mal*: an obvious reference to Baudelaire.

En el campo (p. 57)

With his theme of deliberate and perverse artificiality Casal again echoes Huysmans's aesthete hero Des Esseintes. The monotonous *terza rima* rhymes and the insistent ingenuity of the ways he phrases his preferences are an essential part of the dead effect he desires.

Un poema (p. 60)

A poem about a poem which is at once a statement of an aesthetic and a Becquerian comment on the gulf between feeling and expression. Silva, however, is less hesitant than Bécquer about his capacity to produce a desired poetic effect (25) and the more petulant about his audience's incomprehension (39–40).

Vejeces (p. 61)

An essay in detailed nostalgia.

24. *tanto moribundo*: "so many people at the point of death".

Poeta, di paso (p. 63)

García Prada reports that this poem, untitled by Silva, has been variously called "Nocturno" and (from 1928) "Ronda"; he also says it was written in December 1889 but reproduces himself an expurgated version (*J.A.S.: Prosas y versos*).

Nocturno (p. 64)

Reported by García Prada to have been published first in *La Lectura* (Cartagena de Indias) in 1894 and to have been written "before" Silva's sister Elvira's death. The point of this is that the probability of Silva's incestuous love should seem the more remote; but once again the version printed by him is not concordant with the facsimile original.

Cápsulas (p. 66)

From the series entitled "Gotas amargas".

5. *copaiba*: a balsam from the copayero tree.

6. *Sándalo Midy*: a pharmaceutical extract of sandalwood.

Invernal (p. 68)
One of the series of four poems called "El año lírico" which form the bulk of the verse in *Azul*...; first published in a Santiago de Chile newspaper in the winter of 1887.
68. *Hebes*: Hebe was a Greek goddess of youth.
101. *galeoto*: Galeotto, or Gallehault, was the go-between for Guinevere and Lancelot.   Paolo and Francesca, the carnal sinners of Dante's *Inferno*, articulated their adulterous love as a result of reading the story of Guinevere and Lancelot.   In the *Inferno* (v, 137) Francesca calls the book they read a Galeotto.

Era un aire suave (p. 72)
First published 1893.   The poem is remarkable for its exactness in the synaesthetic description of nebulous and erotic beauty.   The elegant pace of the music is caught in *pausados giros* and sound is then translated, through the term *trémolo*, into a vision of irridescent white surfaces (silk dresses and magnolias). For poems by Darío, see particularly A. Marasso, *Rubén Darío*.
4. *violoncelos*: see the notes on Nervo's poem "El violoncello".
14. *Término*: a statue in gardens of the gods who guarded boundaries in antiquity.
15. *efebo*: young man.
20. *Juan de Bolonia*: Giovanni da Bologna (1524–1608), a Flemish sculptor who worked in Florence.
28. *Cipria*: a name for Venus.
28. *Onfalia*: Omphale, the Queen of Lydia, obliged her husband Hercules to spin at her feet like a woman.
32. *ríe, ríe, ríe*: Darío is here thinking of the *i* sound in Rimbaud's terms—"I, pourpres, sang craché, rire des lèvres belles" ("Voyelles").
61. *Luis de Francia*: Louis XIV.
64. *Pompadour*: mistress of Louis XV.

Divagación (p. 75)
This poem is an example of how the *modernistas*, even more than the Romantics, felt themselves heirs to cultures other than that of Renaissance and neoclassical Europe. In the cultures he explores, Western and non-Western alike, Darío discovers the nerve centre to be the sexual act and thereby justifies, with passion and allusiveness, his panerotic creed.   Written in Buenos Aires and first published in *La Nación* in 1894 with a dedication to Gabriele d'Annunzio.
16. *las manchadas pieles de pantera*: compare this stanza with: "El verso de fuego de D'Annunzio era/ como un son divino que en las saturnales/ guiara las manchadas pieles de pantera/ a fiestas soberbias y amores triunfales" ("Garçonnière", *Prosas profanas*), which makes clearer both Darío's imagery and the point of the dedication to d'Annunzio.
20. *Términos*: cf. note to line 14 of "Era un aire suave . . . ".
38. *acanto de Corinto*: plant whose shape is made the ornament of Corinthian columns.
40. *Beaumarchais*: French playwright (1732–99).

47. *Clodion*: pseudonym of Claude Michel (1738–1814), French rococo sculptor.

47. *Fidias*: Greek sculptor, fifth century B.C.

50. *Houssaye*: French, author of salacious novels (1815–99).

50. *Anacreonte*: the Greek poet of wine and love (sixth century B.C.)

52. *el dios bifronte*: Pan, the Greek god of love.

53. *Monsieur Prudhomme*: a stock bourgeois character in the satires of Henri Monnier (1799–1876).

53. *Homais*: a character in Flaubert's *Madame Bovary*.

54. *Chipres . . . Amatuntes*: famous cities and love shrines in ancient Greece and Cyprus.

67. *Gretchen*: the heroine in *Faust*.

72. *Loreley*: the Rhine maiden who enticed sailors into the rapids with her singing.

74. *Lohengrín*: son of Parsival, knight of the Holy Grail, who in Wagner's opera appears to Elsa riding on a swan.

77–78. *Y del divino . . . Rhin*: the reference is to Heine's poem "Die Lorelei".

79. *Wolfgang*: Goethe.

98. *Li-Tai-Pe*: Chinese lyric poet (eighth century B.C.); translated into French in 1862.

112. *Yamagata*: town in northern part of Honshu Island.

122. *el rey hermoso*: Solomon.

Del campo (p. 79)
Here Darío chooses temporarily, and not altogether seriously, to suggest how flimsy cosmopolitan allusiveness is in comparison with national folk art.   By the end of the nineteenth century the gaucho/cowboy way of life on the pampas had practically disappeared with the growth of mechanized agriculture, improved communications and large-scale immigration; and as he receded into the sunset the gaucho became increasingly an object of national nostalgia and inspiration (see Introduction, pp. xiii). Written 1893.

7. *Florida*: a main street in Buenos Aires.

13–16.   *Rigiendo . . . Oberón*: references to *A Midsummer-night's Dream*.

18. *la amada de Pierrot*: the moon.

24. *walpurgis*: the witches' carnival in German legend.

Salutación del optimista (p. 81)
Read in the Ateneo, Madrid, 28 March 1905, and composed the night before. See also Introduction, p. xiv.

25. *colosos, águilas*: both subdued references to the U.S.A., "el coloso del norte".

30. *¿Quién será . . . músculos?*: a reference to Spain's defeat in the war of 1898.

49. *triptolémica*: "agricultural"; from Triptolemus, the King of Eleusis, who invented the plough.

Tarde del trópico (p. 84)
Darío wrote this poem on board ship as he left Costa Rica in 1892.

Nocturno ("Quiero expresar . . . ", (p. 85)

5–8. Here there are various references to his own poetry (*Oriente, azul*); the swan (7) particularly was for him a symbol of refined beauty and erotic force, and several of his poems have as a basic theme the rape of Leda by Jupiter in the form of a swan ("¡Antes de todo, gloria a ti, Leda!", "Leda", etc.).

24. *Ella*: death.

Soneto autumnal al Marqués de Bradomín (p. 86)

First published as a prologue to *Sonata de primavera* (Madrid, 1904) by the Spanish *modernista* Ramón del Valle-Inclán; Bradomín is the (faintly auto-biographical) hero of Valle-Inclán's four *Sonatas*.

1. *el Divino*: Sade.

A Colón (p. 88)

Read in Madrid in 1892. The poem is a mixture of anger at European outrage of the virgin America—"la novia" as Neruda later called her—(33–36), and of pessimism about the inability of America to help herself.

15. *Reyes*: later editions have "beyes" (*bey*—Turkish despot).

19. *Marsellesa*: the French revolutionary song of 1792.

20. *Carmañola*: the French revolutionary song composed during the year of terror 1793.

28. *los Atahualpas y Moctezumas*: Atahualpa, the last of the Inca rulers, was strangled on the orders of Pizarro; Moctezuma, the Aztec ruler, was deceived and killed by Cortez.

43. *zipa*: leader of the Chibcha Indians who lived in the area now occupied by Nicaragua, Costa Rica, Panamá and Colombia.

47. *canalla escritora*: cf. the 'canaille écrivante' in Voltaire's *Candide*.

51. *Chibcha, Cuzco y Palenque*: Chibcha, see above; Cuzco in Peru was the capital of the Inca Empire; Palenque is an old Maya city.

52. *engalonadas*: a neologism from the verbs *engalanar* and *galonear*.

Versos de otoño (p. 90)

In *Blanco y Negro* (Madrid, 1905).

Epístola (p. 91)

A long confessional letter written to the wife of the poet Leopoldo Lugones from various parts of the western hemisphere in 1906. Lines 93–94, 116–20 and 161–70, which were part of the letter when it was first published in *Los Lunes de El Imparcial* (Madrid) in 1906, were suppressed in *El canto errante* and later editions for unknown reasons. In the poem Darío, when he reaches Mallorca, is attracted first by the picturesqueness and then by the rustic sanity of the islanders, and discovers in their way of life an infinitely desirable Mediterranean essence which he (as a Nicaraguan) feels he shares. But the ferocity of his inner craving is not satisfied by this pastoral ideal and he is left still with an awareness of his cosmopolitan restlessness, which underlies the habit of international name-dropping in the poem. The poem is at once a profession of faith and the mirror of a cultural environment with his finely worked alexandrines Darío achieves unparalleled variety and subtlety of tone and comes as near as he ever came to exposing the sources of his feeling.

3. *Rodenbach*: Georges Rodenbach (1855–98), Belgian poet; his book *Le Règne du Silence* (1891) has several poems about old Flemish towns in which the carillon is a characteristic theme.

4. *Brasil*: Darío went there as the Nicaraguan representative at the Third Pan-American Conference held in Rio in 1906.

4. *fuga*: a deliberately weak pun; *fuga* means "fugue" and "escape".

9. *vómito negro*: i.e. that caused by yellow fever.

22. *Arcades ambo*: "both shepherds from Arcadia" (Virgil, of Lycidas and Coridon in the Seventh Eclogue); Darío is referring to the taste for the pastoral he shares with Lugones.

25. *Tijuca*: a lush, sub-tropical park in Rio.

27. *Nabuco*: Joaquim Aurelio Nabuco (1849–1910), a Brazilian politician and diplomat, prominent at the 1906 Conference.

43. *Garcilaso*: the sixteenth-century Spanish pastoral poet.

44. *La Nación*: the Argentinian newspaper for which Darío worked as a correspondent for a large part of his life.

48. *Crédit Lyonnais*: one of the largest French banks.

51. *profilaxis*: prophylaxis, the preventive treatment of disease; cars were still a novelty at the time.

54. *mister Root*: Elihu Root (1845–1937), famous American politician who was honorary president of the Pan-American Conference and who made an important speech there on 31 July 1906.

59. *porteño*: of Buenos Aires.

65. *surmenage*: overwork.

70. *una pera*: *poire* in French can mean "dupe" or "sucker".

79. *nefelibata*: a word invented by Rabelais for a race which walked with their heads in the clouds.

100. *Cirineo*: Simon the Cyrenian who helped Christ carry His cross.

103. *Mossén Cinto*: Jacinto Verdaguer, (1845–1902). See his *Atlántida*, X; the Catalan (wrongly quoted in most other editions) means 'the land of slingers'. Compare Darío's 'Hondas,' also in *El canto errante*.

107. *el Partenopeo*: the Bay of Naples; Partenopea was the name of the republic founded in Naples by the French in 1799.

119. *y conforme . . . máuser*: an allusion to Amado Nervo's possession, at one and the same time, of a picture of Christ and a pistol.

120. *Gasper Hauser*: a child of unknown origin, presumed to be a Prince of the House of Baden, found imprisoned as an adolescent in a tiny cell in Nürnberg and murdered when he became of age (1812–33).

122. *¡Qué Coppée!*: in the style of the Parisian poet François Coppée (1842–1908), here particularly of *Promenades et Intérieurs* (1870) and *Les Humbles* (1872).

139–40. *calabazas y nabos . . . juntos*: the Comtesse de Noailles (1876–1933) was the poetess of the magic of oriental splendour; Francis Jammes (1868–1938) was more interested in his poems in culinary and other details of daily domesticity.

144–5. *Raimundo Lulio*: the great Mallorcan philosopher of the thirteenth century who taught in France and Italy.

165. *Núñez de Arce hizo un bello poema*: Gaspar Núñez de Arce (1833–1903), a Spanish poet immensely popular in his time and rejected almost universally by the *modernistas*. Here Darío is hinting at the inadequacy of his "Raimundo Lulio" written in 1875 and published in *Gritos de combate* (1883).

187. *Jean Orth*: the pseudonym of an Austrian archduke, the son of Leopold II of Tuscany, who renounced all his titles and disappeared from Europe in 1889.

187. *atrida*: an allusion to the family of Agamemnon.

193. *Santiago Rusiñol*: writer and painter (1861–1931), leader of the Catalan *modernista* movement.

196. *Sand*: George Sand, pseudonym of Aurore Dupin-Dudevant (1804–76); see Darío's footnote.

Siempre (p. 100)

The first poem in *Castalia bárbara*; remarkable for the hypnotic effect of its repetition and insistent internal rhyme.

El canto del Mal (p. 100)

1. *Lok*: normally Loki in English; the Devil in the sagas recorded in the *Eddas*.

La espada (p. 101)

2. *el Corcel*: the sun, as in Graeco-Roman mythology.

4. *un viejo Dios*: the sword is now the symbol of a vanished northern barbarism; cf. notes to "Aeternum vale" below.

El Walhalla (p. 101)

The title is the name of the heaven of Germanic warriors.

Aeternum vale (p. 101)

Latin for "Farewell for ever". The last of the opening series of thirteen poems in *Castalia bárbara*; first published in 1894. Its subject is the twilight of the heathen Germanic gods and the irresistible spread of nascent Christendom. There is a wealth of mythological allusion, but the power of the main image—the silent God with outstretched arms which fills the heathens with uncomprehending terror—is such that the poem can also be read just as a mysterious and dramatic episode. Lugones discussed the meaning of the poem at length in his prologue to *Castalia bárbara*.

3. *la hija de Thor* (misprinted as Nhor in *Castalia bárbara*): Thrud, who was gigantic and took the form of a cloud; Thor was the god of thunder and war.

4. *un añoso fresno*: Yggdrasil (Yggr, name of Odin and drassil, horse) the great tree of life whose branches and roots spread through the universe and supported it.

7. *Imer*: the sea under one of the roots of Yggdrasil.

9. *Cuervos*: these two birds are the subject of another poem earlier in the series which opens *Castalia bárbara*.

9. *Odín*: the chief deity of Norse mythology.

10. *Cisnes*: two swans lived on Lake Urd under the third root of Yggdrasil.
26. *Freya*: wife of Odin.

Madrigal aliterado (p. 106)
When first published in 1897, this poem had the epigraph: "Aliteración al gusto de Duplessis".

El viejo sátiro (p. 107)
The first of a series of sonnets entitled "La tristeza del converso (1900)" in *Poemas*. The series deals with the decline of the Greek gods and the rise of "el nuevo rito" of Christianity.

El violoncello (p. 108)
The Spanish is normally *violoncelo*. The fourth of a series of six poems entitled "Instrumentaciones (1900–1)" in *Poemas*. Nervo sent an early version of this sonnet to a friend on 29 January 1901 with the note: " ¿Te acuerdas de la última noche que oíste música en París? ¿Te acuerdas del *Vals bleu* y de aquel violoncello? Pues bien, hice un soneto, y es este."
9–10. *El violoncello sufre más . . . Rubén Darío*: an allusion to the *sollozos* of the *cellos* in the first stanza of Darío's poem "Era un aire suave . . ." (q.v.).

Leyendo a Silva (p. 110)
3. *tendida*: the person reading Silva is said to be a *dama* in line 65; bibliographically, it is unclear which edition the lady can have been reading since Silva's later poetry was not collected until 1908.
8. *Apeles*: Greek painter, fourth century B.C.
12. *Crisografía*: the Byzantine art of writing with gold and silver.
24. *Eloísa, Elsa*: Heloisa was the love of the unlucky Abelard (1079–1142); Elsa was the wife of Lohengrin who sailed away again on his swan when she asked where he came from (cf. note to line 74 of Darío's "Divagación").
31. *Citeres*: one of Venus's names.
43. *el ave que ciega el astro diurno*: owl.
44. *nictálopes*: literally, "night-blind"; loosely, "day-blind".
44. *Nocturno*: cf. p. 59.
51. *su hermana*: Elvira; cf. the note to "Nocturno" on p. 159.
75. *El Día de Difuntos*: a long, melancholy poem by Silva.
93. *nepentes*: a magic potion curing sadness.
95. *Arminio*: German leader who conquered Varus (17 B.C.–A.D. 21).
96. *el oro del triclinio*: the golden goblets of a Roman banquet.
115. *la herida*: Silva shot himself.
144. *Cisne y Leda*: cf. note to Darío's "Nocturno", p. 162.

Los camellos (p. 117)
19. *la Quimera*: mythical flame-vomiting beast with a leonine head.
50. *el Excidio*: utter desolation.

Cigüeñas blancas (p. 119)
For Valencia, as for Petronius, the stork is a symbol of purity and classical poetic whiteness (45–52); in their purity and final fatigue (189–93) they resemble Valencia's idea of the poet.

55. *Carrara*: an Italian city, famous for its marble.

73–76. The Spanish poet A. Machado also has poems about storks nesting in old buildings.

178. *eneldo*: a herb, similar to anise.

Metempsicosis (p. 128)

The title means "transmigration of the soul"; Darío also has a poem with this title.

5. *tierra cimeriana*: Lydia.

Hortus deliciarum (p. 130)

The title means "Garden of delights".

6–10. *Nieva tu palidez . . . tu media lila*: the subject of the whole of this stanza is "tu palidez".

24. *virelay*: from French *virelai*, "short song".

Delectación morosa (p. 132)

3. *crisoberilo*: chrysoberyl, a precious stone, of yellowish green colour.

El pañuelo (p. 132)

6. *la pálida ribera*: here the bank of the River Plate; Javier de Viana (1872–1927), the writer to whom the poem is dedicated, was a Uruguayan.

Claro de luna (p. 133)

An intelligently sentimental poem which benefits from the influence of Laforgue. It is remarkable for the way that the narration of an immediate, local experience is none the less vivid and detailed for being the prompting of insights of great psychological subtlety and the basis of metaphors of telling complexity.

39. *la llave*: the keys of the neighbour's piano.

49. *sorbete*: a white sherbet drink.

78. *Beethoven*: the neighbour can now be presumed to be playing the "Moonlight Sonata".

Olas grises (p. 137)

From the series "Cantares del mar y de la luz" in *El libro de los paisajes*.

La vuelta de los campos (p. 141)

8. *Un suspiro de Arcadia*: this is, of course, what the poem is; only the references to the croaking frogs in the tercets suggest that the locality is real and that the labourers should be likely to want to be paid in anything less than *oro divino*.

La Torre de los Esfinges (p. 142)

The texts given are the fourth and fifth parts of a long uneven sequence which has the subtitles "Psicologación morbo-panteísta" and "Tertulia lunática". The earlier passages describe in a half-ironic, half-dramatic way the descent of the poet's mind to Avernus.

11. *Rodenbach*: cf. note to line 3 of Darío's "Epístola".

63. *aneurisma*: "aneurysm", dilation of the arteries.

La novicia (p. 144)

10. *mi espíritu*: Aguilar and other later editions have *tu espíritu*.

Submarina (p. 147)

With its erratic thought sequence and arch vacuity this is obviously a poem of adolescence. M. Henríquez Ureña describes its 17 syllable lines as an innovation in Spanish and dates the poem as post 1900 (*Breve historia del modernismo*, p. 337); since it was published five years earlier the innovaton is the more startling. The theme of the poem is very similar to thati of a poem by José María de Heredia.

El sueño del caimán (p. 149)

One of a series of descriptions of the flora and fauna of America in *Alma América* in which the Parnassian influence is direct and obvious. Another poem in the series "El sueño del cóndor" even has the same title as one of Leconte de Lisle's ("Le sommeil du condor").

Oda salvaje (p. 149)

With the greatest metrical freedom, Chocano evokes those elemental forces of the American continent which still survive the harmful influence of "civilizaciones enfermas" (20). The expression of his own desire to be identified with and submerged in that continent is more powerful than that of two earlier poems "Blasón" and "Yo soy el alma primitiva", and his version of the American saga is an important antecedent of the "Genesis" passages of Neruda's *Canto General*.

15. *el árbol hueco*: i.e. Columbus's ships.

32. *éxodo tolteca*: the Toltecs were the tribe which vacated the Mexico City area occupied by wandering tribes from the north in the thirteenth century. Having built Teotihuacán, they were driven out by the "barbarian" Chichimecas.

34. *chontal*: a central American Indian tribe.

36. *Inca Yupanqui*: Pachacuti Inca Yupanqui (reigned 1471–93) and Topa Inca Yupanqui (reigned 1493–1525) were the emperors who presided over the great expansion of the Inca Empire.

45. *haraviccus*: Inca poets who sang of religion, love and war.

91. *Palenkes*: Palenque, Maya city lost in the jungles of Chiapas.

91. *Tiahuanaccus*: Tiahuanaco, Aymara capital near lake Titicaca.

INDEX OF FIRST LINES

169

170 INDEX OF FIRST LINES